Pedro Orgambide
Ein Tango für Gardel

Pedro Orgambide
Ein Tango für Gardel

Aus dem argentinischen Spanisch von Carsten Regling
Mit einem Nachwort von Jorge Aravena Llanca

Verlag Klaus Wagenbach   Berlin

Die argentinische Originalausgabe erschien 2003 unter dem Titel
Un tango para Gardel bei Editorial Sudamericana in Buenos Aires.

Dieses Werk wurde im Rahmen des *SUR*-Programms
zur Förderung von Übersetzungen des Außenministeriums
der Republik Argentinien verlegt.

Wagenbachs Taschenbuch 640
Deutsche Erstausgabe

ISBN 978 3 8031 2640 5

Früher oder später aber wird der Reisende,
der flieht, innehalten

Alfredo Le Pera

Inhalt

Der Überlebende

Ich erinnere mich, als wäre es heute gewesen: An jenem Nachmittag im Jahr 1951 schloss sich der Mann, der von allen nur der ›Verbrannte‹ genannt wurde, unserer Kaffeehausrunde an. Trotz der Verbrennungen, die sein Gesicht entstellten, erkannte ihn einer aus der Runde. Jemand sagte, der Verbrannte sei um das Café geschlichen und habe nicht gewagt, es zu betreten, bis er sich doch entschlossen habe, nach uns zu fragen. Als er schließlich vor uns stand, schwand unser Erstaunen, und die Neugierde zu erfahren, was er von uns wollte, wurde gestillt: »Ich bitte Sie einzig und allein, mir zuzuhören«, erklärte er. »Ich bin José María Aguilar, meine Herren, einer von Gardels Gitarristen, der Überlebende jenes verhängnisvollen Tages im Jahr 1935, an dem der Sänger starb. Gott wollte mich damals noch nicht zu sich holen, und so darf ich weiterhin mein Unwesen auf dieser Erde treiben. Aber ich bin nicht mehr der, der ich einst war«, murmelte der Gitarrist, während er seine verbrannten Hände betrachtete. *Verhexte Hände*, sagte ich mir. Mit ihnen gab der Musiker noch immer Gitarrenunterricht in einem bescheidenen Häuschen in Floresta. Er war nicht mehr derselbe, er war nicht mehr der Virtuose von einst, doch er verstand es noch immer, seiner Gitarre, die er streichelte wie eine Frau in der Abenddämmerung, eine schöne Melodie zu entlocken. Er hatte unsere gesellige Runde nicht etwa aufgesucht, um irgendwen zu beunruhigen, schon gar nicht, um irgendeinen Nutzen aus seinen Erinnerungen zu ziehen. »Ich verlange nichts von Ihnen, meine Herren«, sagte der Verbrannte. Er wollte einfach nur von dem erzählen, was er erlebt hatte. Hinter seinen dunklen Brillengläsern konnte man das Grauen erraten, das, was der Verbrannte an jenem 24.Juni 1935 in Medellín mit angesehen hatte. Er war in Gardels Gefolge am Flughafen Olaya Herrera eingetroffen, zusammen mit den anderen Gitarristen: Guillermo Desiderio Barbieri und Ángel Domingo Riverol, »vertrauenswürdigen Personen, guten Musikern«, wie der Überlebende sagte. »An jenem Tag herrschte eine unerträgliche Hitze«, erinnerte er sich. »Es war kurz vor drei, als wir in das Flugzeug stiegen.« Er fuhr sich mit einem Taschentuch über die Stirn, so als befände er sich noch immer dort, mit Gardel und Le Pera und den anderen Männern aus Gardels Truppe. Wie auf dem Foto, auf dem sie alle lächeln, ohne zu ahnen, dass sie nur wenige Minuten später tot sein würden. Der Verbrannte wischte sich mit einem Taschentuch über die Stirn, genau wie Gardel im Flugzeug. In Gedanken versunken, wiederholte er die Handbewegung. »Es war unerträglich heiß, und Gardel fuhr sich mit einem Taschentuch über die Stirn. Ich weiß nicht, ob wegen der Hitze oder aus Angst. Denn er hatte eine schlimme Vorahnung, was diese Reise betraf. *Früher oder später aber wird der Reisende, der flieht, innehalten*«, rezitierte Aguilar an jenem Abend im Café. Dann fuhr er fort: »Das Flugzeug, das von Ernesto Samper Mendoza gesteuert wurde, erreichte das Ende der Startbahn. An seiner Seite saß der Funker Willis Foster. Und dann geschah, was nicht geschehen durfte, dieses Unglück, das uns allen bekannt ist. Was sich ereignete, ist schwer zu erklären, meine Herren. Samper wollte gerade abheben. Er hat das andere Flugzeug nicht gesehen (oder sah es viel zu spät).« Der Überlebende machte eine Pause, als müsste er gründlich darüber nachdenken, was er als Nächstes sagen wollte. Im Café war die Stille allgegenwärtig. Dann sprach er weiter: »Es stimmt nicht, dass es einen Streit zwischen dem Sänger und dem Piloten – oder zwischen Gardel und Le Pera – gegeben hat und dieser mit einem Schuss endete, durch den Samper verletzt wurde. Das ist einfach nicht wahr. Wenn es einen Schuss gegeben hat, dann aus der Leuchtpistole des Copiloten, um das andere Flugzeug zu warnen. Das ist alles. Obwohl es da noch etwas zu erzählen gibt, über das bis heute niemand gesprochen hat.«

Wieder schwieg er. Vielleicht weil das, was er zu berichten hatte, so unglaublich war.

»Meine Herren, ich habe gesehen, wer den beiden Flugzeugen das Zeichen gab, ihre Startmanöver fortzusetzen, sodass sie schließlich aufeinander zurollten. Es war niemand vom Flughafenpersonal, ganz bestimmt nicht. Es war jemand, der ganz plötzlich auftauchte, wie aus dem Nichts. Eine Sekunde, bevor die Flugzeuge zusammenprallten und das Feuer ausbrach, sah ich ihn. Einen als Gaucho gekleideten Mann, der einen schwarzen Poncho trug und eine Gitarre bei sich hatte. Das hört sich erfunden an, meine Herren. Doch es ist nichts als die Wahrheit. Man hat mir erzählt, dieser Mann sei der ›Drossel‹ – so lautete einer der vielen Spitznamen Gardels – öfters begegnet, auf der Straße und in seinen Träumen. Man sagt, Gardel habe ihn den Mann aus Tacuarembó genannt.«

Der Mann aus Tacuarembó

Vor vielen Jahren, als er noch ein junger Mann war, unternahm der Sänger eine andere Reise: Er fuhr nach Montevideo. Es heißt, er sei aufgebrochen, um einen *payador*, einen Gauchosänger, zu suchen. In einer Kneipe erkundigte er sich nach ihm, doch der Mann, mit dem er sprach, tat so, als wüsste er von nichts. Denn der Mann aus Tacuarembó (um den handelte es sich nämlich) dachte, dass es Geschichten gibt, die man besser vergisst. Deshalb schwieg er, dort am hintersten Tisch in jenem Kramladen in Montevideo, wo er seinen Gin trank und dabei eine Patience legte. Er ließ den Jungen reden, der ihm erzählte, er habe den Fluss einzig überquert, um einen *payador* zu finden. Andere behaupteten boshaft, der junge Mann komme aus Buenos Aires und sei auf der Flucht vor dem Gesetz. »Wegen irgendeiner Frauengeschichte und Messerstecherei«, sagten sie. Wer weiß, ob das stimmt. Er sah jedenfalls nicht aus wie ein Schläger, auch wenn er gekleidet war wie ein arroganter Maulheld vom anderen Ufer des Río de la Plata. Sein Gesicht kam ihm bekannt vor, genau wie sein Name: Er heiße Gardel, sagte der junge Mann.

Die Geschichte, die der Mann aus Tacuarembó nicht erzählen wollte, hatte mit diesem Jungen, dem angehenden Sänger, zu tun. Diese Geschichte begann vor einigen Jahren, mit der Geburt eines Bastards, um genau zu sein. Zu jener Zeit lebte der Mann aus Tacuarembó in wilder Ehe mit einer Hebamme, die er in Fray Bentos kennengelernt und mit seinen Liedern betört hatte. Deshalb war er dort, mit jener Frau, als der Bastard geboren wurde. Der Vollmond schien, und das Heulen eines Werwolfs drang durch die Nacht. »Ein schlimmes Vorzeichen«, bemerkte die Frau.

Der soeben auf die Welt Gekommene war ein unehelicher Sohn von Oberst Escayola, einem uruguayischen Viehzüchter und sehr kreolischen Mann, dessen Leidenschaften die Politik und Frauen waren. Eine von ihnen, Doña Manuela Bentos de Moya, war diejenige, die in jener Nacht gebar, als das Heulen des Werwolfs zu hören war. »Ein schlimmes Vorzeichen«, wiederholte die Frau, doch der Mann aus Tacuarembó meinte, dem müsse nicht so sein, denn ein anderes späteres Vorzeichen könne den Lauf des Schicksals ändern. Dieses Vorzeichen war die Musik. Denn einen Moment später konnte man neben dem Geschrei des Jungen den Klang einer Gitarre hören, auf der eine Milonga gezupft wurde.

»Er wird ein Sänger«, sagte der Mann aus Tacuarembó.

Es ist nicht wahr, dass Oberst Escayola mehr Kinder gehabt haben soll als Urquiza, der General aus Entre Ríos. Escayola war zwar nicht gerade ein Heiliger, aber doch ein kluger Mann, der seine Leidenschaft im Zaum halten konnte. Das wusste auch der Mann aus Tacuarembó, der ihm in mehr als einer brenzligen Situation zur Seite gestanden und ihm immer treu gedient hatte. Daher beschloss er auch, über die Angelegenheit zu schweigen, während er zusah, wie der Knabe in einem großen Zuber gewaschen wurde. Auf einmal lief der Junge blau an, als würde er ersticken, und schnell gab er ihm einen Klaps auf den Hintern, bis das kleine Wesen kräftig brüllte – wie vor Wut, dachte der Mann, denn wer wird schon gefragt, ob er auf diese Welt kommen will. Am folgenden Tag stieg der Mann aus Tacuarembó mit der Hebamme und dem Kind auf einen Karren und machte sich auf die Suche nach der Büglerin.

Sie unterhielten sich im Licht einer Kerosinlampe in einem Zimmer mit weiß getünchten Wänden, umgeben von Wäscheballen. Die Büglerin war eine junge, sittsame französische Frau. »Bertha. Sie hieß Bertha«, erinnert sich der Mann aus Tacuarembó. Er erzählte der Büglerin (»bei allem Respekt, Señorita«), was zwischen dem Oberst und Manuela Bentos vorgefallen war. Die Französin verstand nicht, warum er ihr das alles erzählte, hatte sie doch nichts mit den Geschichten von irgendwelchen Herren und ihren Konkubinen zu tun, sie, die immer nur arbeitete, um nicht in Armut leben zu müssen. Daraufhin sagte der Mann aus Tacuarembó, dass ihr Leben viel angenehmer sein könne, dass Oberst Escayola entschlossen sei, sie großzügig zu entlohnen, wenn sie sich des Bastards annähme und ihn großzöge, als wäre er ihr eigenes Kind. Ihr kam das alles ziemlich verrückt vor. »Aber das Leben ist verrückt«, denkt der Mann aus Tacuarembó, der weiß, dass es Geschichten gibt, die man besser vergisst.

Das Mädchen aus Toulouse

Es gibt eine andere Reise, die womöglich alle übrigen Reisen des Sängers erklärt (wenn man denn das Schicksal eines Menschen erklären kann). Diese Reise unternahm eine junge Frau aus Toulouse, die ihre Heimat wegen eines Ungeschicks verließ. Sie hieß Bertha Gardès und hätte ihren Geburtsort sicher nie verlassen, wäre nicht das passiert, was sich im heißen Sommer 1889 ereignete. Die Frau wusch gerade ihre Arme und Brüste über dem Spülbecken, als sie bemerkte, dass jemand sie beobachtete: Es war Paul Lasserre, ein junger Mann, der dem Gesang und leichten Frauen zugetan war. Sie hatte ihn bereits früher auf verschiedenen Jahrmärkten gesehen, wo er jungen Frauen den Hof machte, Akkordeon spielte und sang. Er war kein Mann, der sich mit einem einzigen Mädchen begnügte; er wollte viele, weshalb sie ihren Körper sofort, als sie ihn erblickte, und aus Furcht vor dem, was noch geschehen könnte, bedeckte. Sie spürte, wie der Mann sie unentwegt betrachtete. Ganz beiläufig, wie aus Versehen, würde er sich nähern und eine Hand auf ihre Schulter legen. Sie würde leicht zurückweichen, nicht viel, und die Hand des Mannes würde zu ihren entflammten Brüsten gleiten. Sie wusste, dass es so kommen würde. Sie kannte Lasserres Ruf. Sie sollte ihn besser nicht beachten. Während er sie mit seinen Blicken auszog, sprach der junge Mann mit ihr. Es wäre besser, zu verschwinden und in die Kirche zu gehen. Es wäre besser, nicht zu glauben, was er sagte. Doch da küsste er sie bereits, an diesem Sommertag in Toulouse. Nie war es so heiß gewesen, und nie hatten sie so begnadete, zärtliche Hände berührt.

»Er weiß, was Frauen mögen«, dachte sie und wandte den Blick vom Kruzifix ab. Dann schloss sie die Augen. Als sie sie wieder öffnete, wusste sie: Das Glück war möglich.

Wie jeder weiß, ist Liebe trügerisch. Erst recht, wenn man jung ist – und es sehr heiß ist in Toulouse. Bertha ließ sich von dieser Täuschung namens Liebe verführen und schürte sie in langen Nächten zwischen Küssen und Liebkosungen. In dem Monat, als sie ihre Tage nicht bekam, begriff sie, dass ihre Liebe – ihre Verrücktheit – Früchte tragen könnte. So kam es dann auch tatsächlich, und Paul Lasserre erbleichte, als er die Nachricht vernahm. Er bat Bertha, »es nicht gedeihen« zu lassen, weder könne noch wolle er sie heiraten, er sei noch zu jung und viel zu arm, und außerdem wolle er weiterhin auf den Jahrmärkten Akkordeon spielen und junge Frauen verführen. Gelassen hörte sie ihm zu. Sie wusste, dass die Männer unvernünftig waren, dass es sie danach verlangte, in mehr als ein Bett zu steigen. Doch sie würde auf keinen Fall zu einer Hebamme gehen, um sich entfernen zu lassen, was ihr gehörte – von da an nur noch ihr gehörte. Paul konnte gehen, wohin immer er wollte. Sie würde allein über ihre Schlaflosigkeit wachen, würde die Regungen des *Eindringlings* (wie Lasserre ihn nannte) in ihrem Bauch spüren, bei dem sich allmählich vor den Augen der frommen Bürger von Toulouse eine ungebührliche Rundung abzuzeichnen begann. Ein Monat verging, dann ein weiterer. Der Bauch wuchs, genau wie ihr Stolz. »Eine ledige Mutter«, stellte der Pfarrer klar. Sie antwortete, dass sie sich sehr glücklich fühle mit diesem Gast in ihrem Körper, mit diesem Kind, das bald auf die Welt käme. »Es kommt nach Toulouse, mitten unter all die Schmähungen«, korrigierte sie der Geistliche, der seine Herde gut kannte. »Ich bin glücklich, Vater«, setzte sich Bertha zur Wehr. Doch der Pfarrer erwiderte, ihr Glück sei bloßes Blendwerk, sie solle lieber ihre Sünden bereuen und den Verantwortlichen für dieses Unheil finden. »Wenn du nicht so dumm wärst, hättest du mir längst den Namen dieses Schufts verraten«, erregte sich der Geistliche. »Nein? … Du willst nicht? Dann hör auf, weiter in die Kirche zu gehen. Und wein nicht wie Maria Magdalena, ich bin schließlich nicht Christus, dass ich diesem Sünder vergeben könnte, diesem ungeratenen Menschen, der deinem Kind keinen Namen geben will. Das macht dir nichts aus? Du willst es allein großziehen? Sei nicht hochmütig, Mädchen. Alle werden dich für eine Hure halten.«

Bertha Gardès verließ die Kirche und lief durch die Straßen von Toulouse. Hinter den halbgeöffneten Fensterläden spürte sie die Blicke und das Gerede der Klatschmäuler. Sie lenkte ihre Schritte zum Haus von Odalie Ducasse, der Witwe des Kommunarden Capot. Ihre Freundin wohnte allein mit ihrem kleinen Sohn und träumte davon, eines Tages nach Amerika zu reisen, wo Verwandte von ihr an einem entlegenen Ort namens Buenos Aires lebten.

Die Überfahrt

»Was ist das für ein Ort, Odalie?«

»Ein Ort, an dem es Arbeit gibt, wo man leben kann, meine Liebste, wo niemand dich kennt und mit dem Finger auf dich zeigt, als ob du eine Hure wärst, nur weil du eine alleinerziehende Mutter oder die Witwe eines Kommunarden bist. Verstehst du, Bertha? Ein Ort, wo man noch einmal ganz von vorn beginnen kann. Dieser Ort heißt Buenos Aires.«

Als gäbe sie ihrem ungeborenen Kind ein Versprechen, streichelte Bertha zärtlich über die Rundung ihres Bauches.

»Es wird in Buenos Aires leben«, dachte sie an jenem Dezembernachmittag in Toulouse.

Am 11. September 1890 erblickte Berthas Sohn das Licht der Welt und wurde als Charles Romuald Gardès in die Geburtsregister eingetragen. Odalie übernahm die Rolle der Taufpatin dieses Kindes mit unbekanntem Vater. Dabei wusste ganz Toulouse, dass es sich um einen Sprössling des schrulligen Paul Lasserre handelte, der weiterhin umherzog und Akkordeon spielte. An jenem Tag schlich der junge Mann um Odalies Haus, in das Bertha mit ihrem Sohn gezogen war, fand jedoch nicht den Mut, nach ihr zu rufen. Die zwei Frauen lebten weiter wie bisher und träumten jede Nacht, sobald sie die häuslichen Arbeiten beendet hatten, von Amerika. »Träume, die nicht in Erfüllung gehen, lassen die Seele verfaulen«, pflegte der Kommunarde Capot immer zu sagen. Aus diesem Grund erfüllte sich seine Witwe ihren Traum (der auch der ihrer Freundin Bertha war), und eines Tages im Jahr 1893 fassten sie den Entschluss, gemeinsam nach Buenos Aires auszuwandern.

Die zwei Freundinnen fuhren mit ihren Kindern zum Hafen von Bordeaux, wo sie sich auf dem Dampfer *Don Pedro* einschifften. Sie versprachen einander, sich nie zu trennen. Inmitten der anderen Reisenden und pausenloser Abschiedsrufe gingen sie die Gangway hoch. *Vite, vite, plus vite!*, befahl ein Offizier von der Brücke. Odalie und Bertha gehorchten: Sie stiegen eine Treppe hinab, dann noch eine, bis sie zu den Kabinen der dritten Klasse gelangten. Da erst bemerkte Bertha ihre dicht zwischen Säcke, Truhen und Körbe gezwängten Mitreisenden. Sie begriff, dass sie genau wie all die anderen war, wie all diese Schwärmer, deren Augen fiebrig glänzten und die das Wort Amerika mit fanatischer Inbrunst aussprachen. »Möge Gott uns erlösen, meine Schwester!«, murmelte Bertha. Und obwohl Odalie, die Witwe des Kommunarden, keinem Gott vertraute, schloss sie sich den beschwörenden Worten ihrer Freundin an, denn an irgendetwas musste man ja glauben, jetzt, da sie das Schiffssignal hörten, die Ankertaue im Hafen von Bordeaux gelöst wurden und der Dampfer sich aufmachte, in die Gefahren des Meeres vorzustoßen.

In dem Augenblick, als das Flugzeug beginnt, über die Startbahn zu rollen, taucht im Gedächtnis des Sängers ganz scharf die Erinnerung an seine erste Reise auf, an den Moment, in dem ein kleiner Junge das phosphoreszierende Leuchten der Wellen betrachtet und seine Mutter fragt, ob dieses Leuchten von den Sternen komme, die ins Meer gefallen sind.

»Ich weiß es nicht, mein Kind«, antwortet Bertha, und ihre Unkenntnis macht sie traurig. »Eines Tages wirst du es erfahren, mein Schatz.«

Der Lärm der Flugzeugmotoren übertönt den Klang der vergangenen Worte. Gardel betrachtet das phosphoreszierende Leuchten des Meeres auf der Startbahn, bis er begreift, dass es Funken am Flugzeug sind, das zu brennen beginnt. Da sicht er ihn. Ganz plötzlich, wie aus dem Nichts, taucht der Mann mit dem schwarzen Poncho auf.

»Mutter!«, schreit der Sänger, einen Moment bevor er stirbt.

»Name?«

»Bertha Gardès.«

»Personenstand?«

»Ledig.«

»Nationalität?«

»Französisch.«

Lustlos notiert der Zollbeamte die Personalien der Frau. Er mag diese Gringos nicht, diese Ausländer, die den Einheimischen das Brot wegnehmen. Verächtlich betrachtet er den Sohn der Fremden. Der Junge klammert sich an die Hand seiner Mutter. Voller Spott macht sich der Beamte über den gerade Angekommenen lustig:

»Du wirst dich ganz schön am Riemen reißen müssen, *che!* Nicht jeder kann ein Argentinier sein.«

Man kann ein anderer sein

Der Mann aus Tacuarembó misstraut diesem Teil der Geschichte. Für ihn ist Gardel Uruguayer, genau wie Gabino Ezeiza oder Pablo Vásquez, die zwei uruguayischen Sänger und *payadores*, die den Río de la Plata überquerten, um am anderen Ufer aufzutreten. Es wird schon seinen Grund haben, warum der Junge nach Montevideo gekommen ist und sich verstecken will. »Denn die Ziege zieht es immer in den Wald zurück«, denkt der Mann aus Tacuarembó, während er seinen Gin trinkt und eine Patience legt.

»Ich habe Sie gesucht, mein Herr«, sagt Gardel zu ihm. »Ich weiß, wie gut Sie kreolische Lieder aus dem Stegreif singen können.«

»Wer hat Ihnen denn diese Lüge aufgetischt?«, scherzt der Mann, wie alle Sänger Bescheidenheit vortäuschend.

»Ich würde Sie gerne singen hören, von Ihnen lernen«, bittet ihn der Junge. Der Mann aus Tacuarembó hält inne und lässt die Spielkarten in seinen Händen ruhen. Er denkt, dass es das Schicksal ist (das andere Gott nennen), das die Karten neu gemischt hat.

Sie verlassen die Kneipe und gehen zur Hütte des Gauchosängers am Ufer des Flusses. Sie setzen sich gegenüber, Auge in Auge in der Vertraulichkeit des Matetees. Der Mann aus Tacuarembó sagt, dass für den Gesang keine Gesetze gälten und man ohne Wissen geboren werde. »Man muss ein gutes Gehör haben«, behauptet er, während er zärtlich über seine noch stumme Gitarre streicht. In der Hütte gibt es keinen weiteren Luxus als einen mit Zierschleifen geschmückten

Zopf, der die Existenz einer weiblichen Person verrät, auch wenn sie gerade abwesend ist. Der Mann erwähnt sie nicht, es ist nicht nötig; man riecht sie in der Luft, im Kölnischwasser und im heimischen Jasmin. »Man muss ein gutes Gehör haben«, wiederholt der Mann aus Tacuarembó, und der Junge stellt sich ein riesiges Muschelgehäuse vor, das die Musik des Meeres in sich bewahrt. »Ich komme aus Frankreich«, erklärt er. »Man nennt mich den kleinen Franzosen.« Doch der andere tut so, als höre er ihn nicht, und beginnt, vor sich hin zu pfeifen. Da ist die Gitarre. Er bietet sie ihm nicht an. Noch weiß er nicht, ob sich der Junge des Gesangs würdig erweisen wird. Schließlich ist er ein Fremder.

»Um zu singen, braucht man nicht mehr als den Horizont«, sagt der Mann aus Tacuarembó mysteriös. »Viele glauben, sie seien etwas Besseres, weil sie von weit her kommen …«

»Auf mich trifft das nicht zu, Señor. Ich bin hier, um von denen zu lernen, die ihr Handwerk verstehen«, antwortet Gardel.

»Die Ausländer sind schon seltsam«, murmelt der Mann aus Tacuarembó verstimmt, als Gardel ihm gesteht, dass er das Gitarrespielen bei einem Franzosen gelernt habe, bei Esteban Capot, seinem Schiffsbruder. Und als der andere eine misslaunige Geste macht, als würde die Banda Oriental überfallen, als kehrte Garibaldi auf seinem Pferd zurück, da erinnert ihn Gardel voller Stolz, dass auch er ein Sänger sei und Respekt verdiene, auch wenn er noch ein Anfänger war, ein Grünschnabel, wie man so sagt. Der Mann aus Tacuarembó beherrscht sich und unterdrückt die Lust, ihm eine weitere bittere Wahrheit zu offenbaren: »Du bist ein Bastard, ganz genau, ein Bastard.«

»Wir werden uns wiedersehen, mein Herr«, gibt ihm Gardel herausfordernd zu verstehen.

»Da können Sie sicher sein, mein Junge.«

Bevor er die Hütte verlässt, sagt ihm Gardel noch, dass er kein Bettler sei und niemanden um sein Instrument oder seine Kunstfertigkeit beneide. »Ganz so schlecht kann ich nicht sein, Señor; der Gauchosänger José Betinotti wird seine Gründe gehabt haben, warum er mir seine Gitarre geliehen hat.«

Als er hinaustritt, sieht er das von Weiden gesäumte Ufer des Río de la Plata, umtost vom starken Südwind, der zu dieser Stunde herrscht.

Sie nannten ihn den kleinen Franzosen

»Es scheint mein Schicksal zu sein, immer wieder hin und her zu reisen«, dachte Gardel, als er von Montevideo aufbrach, um nach Buenos Aires zurückzukehren, in die Straßen um den Abasto-Großmarkt, die seine Welt waren. Vor dem Mann aus Tacuarembó hatte er sich wie ein Ausländer gefühlt, was nicht gerade vorteilhaft für einen kreolischen Sänger ist. Aber er würde seine Heimat, sein Blut nicht verleugnen. »Niemals.« Von klein auf hatte er den Sängern zugehört, die von der anderen Seite des Ozeans kamen. Seine Mutter, die Büglerin, arbeitete für Leute vom Theater, und er hatte sich um die Auslieferung der Kleidung gekümmert und die Trinkgelder kassiert. Die größte Belohnung war jedoch stets, noch etwas Zeit zwischen den Kulissen zu verbringen und den Sängern zu lauschen. Später begann er dann, sie nachzuahmen. Eines Abends betrat der kleine Franzose als Komparse in dem Stück *El gigante cabezón* die Bühne. Seine Mutter war gekommen, um ihn zu sehen. Stolz saß sie neben ihrer Freundin Odalie, die ihren Sohn, Esteban Capot, mitgebracht hatte. »Lauter Gringos, Herrschaften!«, wie der Kartenverkäufer des Teatro Argentino sagte, ein ehemaliger Schlachter, den es ans Theater verschlagen hatte. Gardel wusste, dass dies sein Schicksal war: ein Gringo zu sein, der auf der Weltbühne den Kreolen spielte.

Oft sah man Gardel, alias den kleinen Franzosen, vor den Ladenkneipen, wo er sich herumdrückte, um den Gauchosängern zuzuhören. Wie gern wäre er einer von ihnen gewesen. Auch die Spelunke El Pajarito von Don Giuseppe Marzotti, der ihm beibrachte, eine Canzonetta zu singen, besuchte er regelmäßig. Eklektisch, wie er war, gab sich der Gesangsschüler die größte Mühe, eine Opernarie zu erlernen, ohne dass er eine Milonga oder einen Tango verschmäht hätte. »So war Gardel«, bemerkt Don Edmundo Guibourg, der mit seinem Freund den Beinamen ›der kleine Franzose‹ teilte. »Wir waren wie zwei Wassertropfen, wie zwei Spiegelbilder ein und derselben Person. Auch unsere Initiationsreise haben wir gemeinsam unternommen«, sagt er, unterlässt es aber, sich mit unnötigen Abschweifungen aufzuhalten, obwohl er ganz beiläufig den Namen eines Bordells fallenlässt. Hört man ihm zu, meint man die beiden kleinen Franzosen vor sich zu sehen, damals, in jenem Stadtteil voller Blechschuppen, mit den von Feigenkakteen begrenzten Brachflächen, den Gerbereien und Kutschen, den italienischen Gemüsehändlern und einheimischen Schlachtern, den *compadritos*, den Fuhrmännern vom Land und Straßenverkäufern, den Wäscherinnen, die trotz der Wäscheballen auf ihren Köpfen nie das Gleichgewicht verloren, den Lastenträgern und den Handlangern vom Markt. Das war der Abasto: ein Viertel mit gedrungenen Häusern, verwilderten Brachflächen, Bordellen und Mietshäusern, einem Zigeunerlager, Lagerhäusern und Lebensmittelgeschäften. Bewohnt von Einheimischen und Immigranten, war der Abasto das eigentliche Zuhause des Sängers. Don Edmundo behauptete, die Heimat eines Menschen sei seine Kindheit, aber auch sein Viertel. Und er, der genau wie Gardel die Welt gesehen hatte, erinnerte sich an einen Spaziergang durch den Abasto, als sie Stechwindenzigaretten rauchten und ein Bordell betraten, wo sie Tangos tanzten »mit prächtigen Damen, die uns ihre Künste beibrachten«. »Wir kannten uns von früher«, erklärt Guibourg. »Ich sehe mich noch immer mit meinem Freund durch die Straßen des Abasto laufen, wir beide in unseren graukarierten Kitteln, auf dem Weg zur Schule. Das war, bevor Gardel mit elf Jahren auf das Colegio de Artes y Oficios

San Carlos ging, besser bekannt als Pius IX. Auf diese Schule ging auch der fromme Ceferino Namuncurá. Aber dass Ceferino und Gardel einen Wettstreit ausgetragen hätten, wer die schönsten *payadas* singen kann, stimmt nicht. Das sind bloß Märchen.« Pedantisch wie er ist, fügt Guibourg hinzu, dass es drei »kleine Franzosen« im Abasto gab: »Gardel selbst, Esteban Capot – seinen Freund und Bruder vom Schiff – und mich. Esteban Capot war mit seiner Mutter Odalie Ducasse auf demselben Schiff wie Bertha Gardès und ihr Sohn in Argentinien angekommen. Außerdem hatte Esteban Gardel das Gitarrespielen beigebracht. An manchen Abenden sang Esteban Capot in der Druckerei, wo er arbeitete und die später einmal ihm gehören sollte, auf Französisch revolutionäre Volkslieder, die sein Vater einst in der Pariser Kommune gesungen hatte.«

»Er war ein sehr mutiger Mann«, erklärte Esteban Capot, und der junge Gardel stellte sich vor, wie Capots Vater auf den Barrikaden stand und mit seinem Gewehr schoss. Die Militanz seines Freundes beschränkte sich dagegen auf die Lektüre von *La Protesta*, der Zeitung der Anarchisten. Und jeden Ersten Mai nahm er an den Demonstrationen der Arbeiter teil und sang die Internationale. Einmal begleitete ihn der junge Gardel – wie jemand, der zu einem Fest geht. Die Veranstaltung war in vollem Gange, als plötzlich berittene Polizei auftauchte. Inmitten des heillosen Durcheinanders, zwischen Säbelhieben und Schreien, stürzte Gardel zu Boden. Er glaubte, sterben zu müssen, und als Capot ihm auf die Beine half und sie durch die nach Schießpulver riechenden Straßen davonliefen, war er schweißgebadet und zitterte noch immer.

Für gewöhnlich war Esteban Capot jedoch ein friedliebender Mensch, der seinem Vater, dem Kommunarden, bloß an Streiktagen und jeden Ersten Mai zur Ehre gereichte. An den übrigen Tagen widmete sich der Buchdrucker, wie jeder andere Einwanderer auch, der Arbeit und der Familie. Und obwohl er Privateigentum verachtete, kaufte er sich ein Grundstück und einen Haufen Ziegelsteine, um ein Häuschen für seine Familie zu errichten. Gardel half ihm bei dieser Aufgabe und betätigte sich als Maurer. Eines Tages, so sagte er, würde er ein ähnliches Haus für seine Mutter kaufen. Ein Haus mit Innenhof und Weinreben, einer großen Diele und einem Türklopfer mit einer Hand aus Bronze. Der Luxus armer Leute, mag sein, so wie dieses seidene Halstuch, das er jetzt trug und das ihm eine Frau, ein Mädchen aus dem Bordell, geschenkt hatte.

Sie hieß Marisa und war eine hoch aufgeschossene Frau mit pechschwarzem Haar. Sie hatte den jungen Mann, der so schön singen konnte und ihr ins Ohr säuselte, wenn sie ins Bett gingen, ins Herz geschlossen. Der Junge lernte schnell dazu, und aus einer kindlichen Laune heraus dankte er ihr jedes Mal für das Erlernte. Sie gewöhnte sich an seine Besuche, für die sie sich nie bezahlen ließ. Im Gegenteil: Es gab Nächte, in denen sie für die *Übernachtung* (die lange Schicht von Mitternacht bis zum Morgen) selbst aufkam, um die Zeit in aller Ruhe mit ihm zu genießen. Marisa hatte keinen *Ehemann*, das heißt, keinen Zuhälter, keinen Luden. Sie hatte ihn vor langer Zeit verlassen. Doch eines Tages tauchte der Mann im Bordell auf und begann, sich aufzuspielen. In diesem Moment trat Gardel ein, der damals noch ein schwächliches Bürschchen war, es aber durchaus verstand, sich Respekt zu verschaffen. Und weil er Marisa verehrte, forderte er den Typ auf, die Faxen sein zu lassen: es solle ihm ja nicht einfallen, Marisa zu bedrohen.

»Und wer bist du, Trottel?«

»Ich bin Gardel. Man nennt mich den kleinen Franzosen.«

»Eine Schwuchtel bist du.«

Gardel schoss das Blut in den Kopf, und blitzschnell zog er das Messer, das er am Gürtel trug. Er machte eine Bewegung auf ihn zu. Der andere wich zurück und zog ebenfalls sein Messer. Sie gingen auf die unbefestigte Straße hinaus, um das Problem zu klären. Gardel war der Flinkere von beiden – oder der andere war zu betrunken, wie man sich später erzählte. Jedenfalls ließ ihn Gardel am Ende ausgestreckt im Graben liegen. Deshalb floh er auch nach Montevideo, wo er den Mann aus Tacuarembó kennenlernte, und deshalb schenkte ihm Marisa nach seiner Rückkehr ein seidenes Taschentuch, zusammen mit einem Kuss.

Der Dunkle aus dem Abasto

Es war 1910, als der kleine Franzose seinen Beinahmen in *El Morocho del Abasto*, der Dunkle aus dem Abasto, änderte. Es geschah im Café O'Rodenman, das an der Ecke der Straßen Agüero und Humahuaca lag und den vier Brüdern Traverso gehörte. Der junge Carlos Gardel, alias der kleine Franzose, war dort Stammgast, und dort hatte er sich auch den Ruf eines Sängers und Gigolos erworben. Die Brüder Traverso, Gefolgsleute des Caudillo Benito Villanueva, waren es, die Gardel den Dunklen aus dem Abasto nannten. Sie spielten nicht auf seine Hautfarbe, die weiß war, sondern auf sein schwarzes Haar an, das er stets nach hinten kämmte. Seitdem hieß Gardel der Dunkle aus dem Abasto. Mit diesem Spitznamen begründete er sein Ansehen als Sänger in den Cafés und Straßen seines Viertels. In einer dieser Straßen, in der Guardia Vieja, fand 1911 eine denkwürdige Begegnung statt: die von Carlos Gardel und José Razzano, genannt der Uruguayer. Das Treffen ereignete sich im Haus der Gigenas.

José Razzano verweilte gerade im Café El Pelado, das sich an der Ecke der Straßen Moreno und Entre Ríos befand. Jemand erzählte ihm, es gebe da einen Besseren als ihn, einen Jungen aus dem Abasto, etwas eingebildet und von den Frauen umschwärmt. Der Uruguayer blieb gelassen. Er ließ sich vom Klatsch der Stammgäste nicht aus der Ruhe bringen, die sich wie immer auf das Aufeinandertreffen zweier Sänger freuten – nicht so sehr, um deren Kunstfertigkeit zu vergleichen, sondern um ihren Favoriten anzufeuern und, im Falle eines Zwischenfalls oder einer Niederlage ihres bevorzugten Sängers, den Zank mit Messern und Pistolen auszutragen.

Vernünftig wie der Uruguayer war, misstraute er solchen Zerstreuungen, die die Nächte von Buenos Aires in ein schmutziges Licht tauchten. Eine Begegnung, ein Treffen zwischen Sängern durfte keinen unglücklichen Ausgang nehmen. Das war es auch, was er seinen Anhängern sagte, denen er seinen Leitspruch aufzwang: »Verliert man den Respekt vor seinem Gegner, verliert man den Respekt sich selbst gegenüber.«

So philosophierte der Uruguayer, und die anderen gingen Karten spielen. Schließlich kam es zur Nacht der Begegnung. Mit einem Kompliment empfing der Dunkle aus dem Abasto den Uruguayer im Haus der Gigenas: »Ich habe von Ihren Verdiensten gehört, mein Herr, und diese Nacht werde ich mich persönlich von ihnen überzeugen können.« Vielleicht war es gespielte Bescheidenheit, vielleicht auch nicht. Zwei Stühle wurden für die Sänger aufgestellt und weitere für die Gäste, obwohl fast alle stehen blieben, aufmerksam und schweigend. Eine Dame brachte Gläser mit Anis und süßem Zuckerrohrschnaps. Doch nur ein Einziger der Männer probierte ihn, aus reiner Höflichkeit, um die Frau nicht zu kränken, die sofort wieder im Hinterzimmer verschwand. Wie beim Hahnenkampf blieben ausschließlich die Männer im großen Saal der Gigenas zurück. Razzano begann mit dem einfachen Lied *Entre colores*, auf das Gardel mit *El sueño* antwortete. Beide sangen sie, jeder auf seine Art, ganz ohne Hast, so als nähmen sie an keinem Wettstreit teil. Sie sangen für sich selbst, für die, die sie in diesem Augenblick waren, in dieser einmaligen Nacht. Das ganze Viertel schwieg und lauschte ihrem Gesang. Die Fenster öffneten sich zur Ebene, zur Pampa der letzten *payadores*, zu den mit der Stadt verschmelzenden Vororten. In dieser Nacht in der Calle Vieja gab es keinen Verlierer. Niemand fühlte sich dem anderen überlegen. Das sagen zumindest diejenigen, die dabei waren, die das Glück hatten, davon berichten zu können.

Das unsichere Handwerk des Singens

»Nein, an solchen Veranstaltungen habe ich nicht teilgenommen«, räumt Don Edmundo Guibourg während des Treffens im Café ironisch ein. Wie abwesend betrachtet er Gardels Foto im Jahrbuch. »Manchmal frage ich mich, ob es wirklich schön ist, mit all diesen Erinnerungen leben zu müssen«, murmelt er. »Ich will damit sagen: Manchmal setzt der Tod dem Gedächtnis ein ehrenvolles Ende. Ich möchte nur daran erinnern, dass Gardel, der auch in den konservativen Komitees von Constanzo Traverso und Pedro Cernadas (wichtigen Leuten von Don Benito Villanueva) gesungen hat, kein unterwürfiger Mann gewesen ist, der willfährig einer solchen politischen Überzeugung angehangen hätte. Es gab eine Zeit, da hat er mich zu den Versammlungen der Sozialisten begleitet und sogar mit ihren Vorstellungen sympathisiert. Ein paar seiner Tangos belegen diese Neigung. Auf jeden Fall waren meine damaligen Parteigenossen nicht besonders höflich zu ihm. Sie verachteten den Tango, seinen Mythos der Männlichkeit, seine Verherrlichung der dunklen Seiten des Lebens. Doch es gab Ausnahmen, zumindest eine: den Parteiführer Alfredo Palacios. Eines Nachts bat er Gardel in einem kleinen Café in La Boca (dem Stadtteil, wo er schon als junger Mann zum Abgeordneten gewählt worden war), etwas von jenem Elend zu singen. Ich sehe sie vor mir: den Politiker mit dem breitkrempigen Hut, der wehenden Krawatte, dem über die Schulter geworfenen feinen Schal. Und Gardel, wie er Almafuertes Verse singt:

Mit den Freunden, die mir der Zaster schenkte,
verbrachte ich so manche schöne Stunde,
und sie alle genossen den fürstlichen Luxus,
der aus meinen vollen Taschen quoll,
nur meine Mutter nicht!

»Gardel war nicht politisch«, fuhr Guibourg fort. Das Problem ist, dass ihn viele nur als Studienobjekt betrachten. Ich kann das nicht, ich war sein Freund. Außerdem mag ich Leute nicht besonders, die versuchen, die Wirklichkeit ihren Überzeugungen anzupassen.« Ich weiß, dass er auf diese intellektuellen Kritiker vom Beginn der fünfziger Jahre anspielte, die alle dem Soziologismus anhingen. Bei den anderen Teilnehmern unserer Kaffeehausrunde war das nicht so, sie wollten einfach nur Gardels künstlerischen Werdegang verfolgen. Der Überlebende, den sie den Verbrannten nannten, erinnerte daran, dass der Sänger immer einen guten Blick für die Menschen um ihn herum besessen hatte. 1912 hatte er sich mit einem anderen Sänger zusammengeschlossen: Francisco Martino, mit dem er eine Tournee in den Westen unternahm.

Als sie in den Zug stiegen, in einen Waggon zweiter Klasse, waren schon fast alle Sitzplätze besetzt. Erst kurz vor dem letzten Wagen hatten sie Glück. Martino faltete sein Jackett und legte es auf die Holzbank. Dann setzte er sich darauf. Der Dunkle aus dem Abasto sagte nichts dazu. Er würde so etwas auf keinen Fall tun; lieber sollte sein Hintern auf der harten Bank leiden, als dass er sein Jackett ruinieren würde. Nicht eine Falte. Die Kleider bedeuteten ihm alles. Man betritt einen Club, die Bühne eines Theaters, und muss sich sehen lassen können. Gut auszusehen war das Wichtigste. Danach der Gesang. »Verstehst du, Martino? ... In diesem Metier ist das Aussehen entscheidend. Aber das weißt du ja, du bist ja selbst ein hübscher Kerl, und du liebst das Geld ... Man muss gepflegt aussehen … Nicht wie dieser Typ da, der im Zug schläft und schnarcht und sein Revers vollsabbert … Unsereins wird beobachtet … Wir sind anders, stimmt's? … Wir sind Künstler … Hör zu, Martino: Wenn die Tournee zu Ende ist, könnten wir ein paar Platten aufnehmen … Was hältst du davon? … Das ist *die* Chance unserer modernen Zeit, *che!*«

Doch zunächst einmal fahren sie von Dorf zu Dorf. »Mal schauen, was so los ist«, wie Martino sagt. »An manchen Tagen verdient man ein paar Pesos und speist wie ein König, und an anderen nagt man am Hungertuch.« Gardel hört ihm mit einem spöttischen Lächeln auf den Lippen zu. Er selbst erlaubt sich die Schwäche einer Klage, eines Nörgelns nicht. »Jeder führt das Leben, das er sich ausgesucht hat«, sagt er. Und dies ist sein Leben: das der großen Familie von Komikern und Zirkusartisten, Musikern, Varietékünstlern, Tänzerinnen folkloristischer Ensembles, Schauspielern des Gauchotheaters, die ihr Glück in den Städten und Dörfern der Provinz versuchen. Eines Nachmittags, sie nehmen gerade einen Milchkaffee mit Blätterteiggebäck zu sich, treffen sie Razzano, den Uruguayer. Auch er will der Armut entkommen. An diesem Tag wird das Trio Nacional von Gardel, Martino und Razzano geboren. Sie spielen in Rojas, Mercedes, Chacabuco, Bragado, General Viamonte. Sie singen *estilos* und Milongas. Und so wie andere Sänger auch, bringen sie die Veranstaltungen von Wohltätigkeitsvereinen und Clubs, in denen die Landbesitzer sich sonst mit Bocciapartien und Pferderennen zerstreuen, in Schwung. 1913 schließt sich Luis Salinas, »die Schlange«, dem Trio an, ein sehr musikalischer Mann mit guter Stimme und ein begnadeter Gitarrist. Aber er spielte nur kurze Zeit mit dem Trio zusammen. Das letzte Mal, dass man sie gemeinsam sah, war 1913 beim Karneval, in der Ortschaft Zárate. Dort verlieren sich die Spuren von Salinas. Die Tournee geht ohne ihn durch andere Dörfer und Städtchen in der

Provinz Buenos Aires weiter. In General Viamonte verschwindet auch Martino. Und aus dem Trio wird ein Duo.

Mehr als einmal begegnete das Duo dem Dichter Belisario Roldán, der wie sie durch das Land tourte und seine Gedichte vortrug. Roldán, der wegen seiner Wortgewandtheit und seiner patriotischen Reden und Verse auch das ›Goldschnäbelchen‹ genannt wurde, verband sein rhetorisches Talent mit seiner Leidenschaft für Kartenspiele. Nach den Lesungen in den Provinzclubs pflegte er für gewöhnlich ein paar Leute zu einem freundschaftlichen Kartenspiel zu überreden, aus dem er fast immer als Sieger hervorging. Man erzählte sich, dass er einmal mit dem Teufel um seine Seele gespielt und dass er die Partie gewonnen habe.

»Die Leute reden viel«, erklärte der Dichter bescheiden. »In Wirklichkeit habe ich einen *payador* aus Tacuarembó besiegt, einen Mann, der genauso flink Gitarre wie Karten spielen konnte. Er hat sich übrigens nach Ihnen erkundigt.«

»Wirklich?«, fragte Gardel erschrocken.

»Ja. Er sagte, Sie würden ihm noch eine Revanche schulden.«

Etwas später trug Goldschnäbelchen seine Gedichte in einem Saal der *Sociedad de Beneficencia* vor einem Publikum aus Landbesitzern, Landarbeitern und kleinen Händlern aus Chascomús vor. In einem der Spiegel im Saal meinte Gardel die Gestalt des Mannes, der ihn suchte, zu erkennen: den *payador* aus Tacuarembó. Doch schon einen Augenblick später war er wieder verschwunden.

In jener Nacht, in einer Bar am Bahnhof, beschließen die beiden Sänger, dass sie von nun an zusammenarbeiten und ihr Glück am Theater versuchen wollen.

»Ich bin zwischen solchen Leuten aufgewachsen«, erzählt Gardel. »Ich habe Opernsänger imitiert und meine Späße mit ihnen getrieben. Und ich war Claqueur, einer von denen, die für ihren Applaus bezahlt werden, Spaß haben und dabei ein paar Pesos verdienen.«

»Genau darum geht es«, sinnierte der Uruguayer. »Mit Spaß an der Sache zu arbeiten. Es gibt nicht viele, die das können. Es ist ein Geschenk Gottes.«

»Auch Gott muss man hin und wieder nachhelfen«, fügte Gardel hinzu. Ein paar Tage später sollte er sich mit Elías Alippi im Teatro Nacional treffen.

Serenaden für Bräute und Mesdames

Elías Alippi war aufgrund seines tänzerischen Könnens zum Theater gekommen. Eines Nachts hatte ihn jemand im Café Hansen einen Canyengue tanzen sehen. Im Theater spielte er eine Figur, die er gut hätte selbst sein können: einen Milongatänzer. Das war auch seine Rolle in *Justicia criolla*, einem Stück, das der Schwankdichter Ezequiel Soria geschrieben und das Jerónimo Podestá 1903 im Teatro de la Comedia uraufgeführt hatte. Für die Leute vom Theater, die kreolische Musik mochten, waren der Uruguayer und der Dunkle aus dem Abasto keine Unbekannten. 1914 feierten sie im Teatro Nacional ihre Premiere als Sänger des Ensembles Ducasse-Alippi. Man sah sie ständig zusammen: wie sie in der Garderobe probten, die verdienten Pesos unter sich aufteilten und sie nachmittags auf der Pferderennbahn verwetteten. Und kaum war die Abendvorstellung vorbei, steuerten sie das nächste Nachtlokal an.

Gardel begann sich zu verändern und gab die Gesten und Gebärden des Vorstadtgecken auf. Er strengte sich an, sich gute Manieren und anständige Wörter anzueignen, und da er ein guter Imitator war, streute er in seinen Gesprächen schon nach kurzer Zeit ein paar Brocken auf Französisch ein, vor allem wenn er mit den feinen Damen an der Bar oder den Señoras sprach, die das Tangotanzen in Paris gelernt hatten. Er trug jetzt einen Smoking und rauchte englischen Tabak, oder zumindest tat er so, als ob er rauchte, denn um sein Instrument, seine Stimme, war er immer sehr besorgt. In dieser Zeit erlangte er den Ruf, ein Gigolo zu sein, ein Lebemann, der sich von Frauen aushalten ließ. Verleumdungen. Lügen der Neider. Gardel besuchte die Clubs nicht, um sich zu amüsieren, sondern um zu arbeiten. Zusammen mit Razzano trat er im Armenonville in der Avenida Alvear, Ecke Calle Tagle, auf, wohin die Sprösslinge aus gutem Haus in ihren Autos mit faltbarem Verdeck fuhren. Sie gingen in das eleganteste, prächtigste Restaurant von Buenos Aires, wo man von Porzellangeschirr aß und Champagner aus geschliffenen Gläsern trank. Die Spiegel des Saals zeigten die schlanksten und magersten Frauen, die aussahen wie Schaufensterpuppen oder wie auf Abbildungen aus der Zeitschrift *El Hogar*. Wenig später spazierten sie durch die Gärten des Armenonville, vorbei an den Brunnen und Rondellen, die die Villa im englischen Stil einrahmten. Gardel sagte, dass diese Frauen die Lust in ihm weckten, sie auf den vom Mond beschienenen Terrassen zu küssen – und es sollte nicht an Gelegenheiten mangeln, sich diesen Wunsch zu erfüllen. Eines Nachts hielt er am efeu- und rosenumrankten Terrassengeländer den Körper einer Frau in den Armen und liebkoste ihn, während Musik aus dem Saal erklang. Er konnte die Sprache der Unbekannten nicht verstehen, höchstens das eine oder andere Wort auf Französisch, das die Frau säuselte, während er sie im Stehen besaß, in jener Nacht im Armenonville. Es geschah während der Pause eines Auftritts und war ein ganz einmaliger Moment, ein Funken Glück in der Routine des Nachtlebens.

Ernst, aber mit höflichem Lächeln betreten die Sänger die Loge. Gardels Blick sucht die Frau, doch sie ist nicht mehr da. Und da fühlt er sich mit einem Mal ganz merkwürdig, so als wäre er nicht real und jemand würde ihn nur träumen. Razzano spielt die ersten Akkorde eines kreolischen Liedes: *El carretero*. An einem der Tische sitzt der Komponist des Liedes in Begleitung einer wunderschönen Frau. Es ist Arturo de Nava: hochgewachsen, dünn, in dunklem Sakko und modischer Hose. Nach dem Lied tritt Gardel an seinen Tisch und reicht seiner Begleiterin eine Orchidee aus dem Gewächshaus des Nachtlokals. »Mit dem größten Respekt, Señora«, sagt er zu ihr, bevor er in die Loge zurückkehrt.

Für ihn beginnt das Vergnügen erst später, dann, wenn er das Haus von Madame Jeanne in der Calle Viamonte, zwischen den Straßen Esmeralda und Maipú, besucht. Gardel und Razzano sind Freunde der Chefin. Dort haben sie ihr Duo, ihr musikalisches Bündnis, offiziell begründet. Denn damals ging man nicht allein wegen der Prostituierten in die »anrüchigen Häuser«, sondern auch, weil dort eine Atmosphäre herrschte, die Gespräche und Geschäfte begünstigte. Wenn Gardel und Razzano in Madame Jeannes Haus kamen, freuten sich die Mädchen und dachten an das gute Trinkgeld und die gelegentliche Gefälligkeit eines Liedes, »für das man immer dankbar ist«, wie Madame Jeanne zu sagen pflegte, »denn *l'argent* ist schließlich nicht alles im Leben.« Sie brachte ihm und seinen Freunden etwas zu essen, und dann erkundigte sie sich dezent, ob sie nicht vielleicht etwas singen wollten, um ihre Einsamkeit zu lindern. »Einen kleinen Walzer, Madame?«, fragte Gardel. »Was immer dir beliebt«, antwortete sie. Madame Jeanne war nicht von hier. In Wirklichkeit hieß sie Giovanna Ritana und war in Enrico Carusos Ensemble nach Argentinien gekommen. Manchmal erlaubte sich die Ritana, oder Madame Jeanne, gemeinsam mit dem Dunklen aus dem Abasto ein Lied auf Französisch anzustimmen. Dann schien sie eine andere zu sein. Nur von ihrer Vergangenheit sprach sie nie. Sie hatte es nicht nötig, irgendeine edle Abstammung oder frühere Größe vorzugeben. Aus bloßer Diskretion, weil sie ihre Verwandten nicht verletzen wollte, hatte sie aufgehört, ihren wirklichen Namen zu benutzen. Jahrelang sah man sie an der Seite des Korsen Juan Garessio, einem Besitzer von Spielhallen und Tanzlokalen. Manche behaupten, der Mann sei durch einen Messerstich gestorben, andere sagen, es sei eine ordinäre Lungenentzündung gewesen. »Was letztlich auch keine Rolle spielt«, meinte die Frau. »Schließlich wartet überall der Tod auf uns ... Oder etwa nicht, Dunkler? ... Aber du denkst nicht an den Tod. Dir lächelt das Leben zu, weil du ein unverschämt hübsches Gesicht hast, das Gesicht eines Mannes, der sich gern hofieren lässt. Der Tod ist eine alte Hure, so wie ich. Nein, ich will hier nicht rumjammern, ich will nicht, dass du Mitleid mit mir hast, Dunkler ... Nein ... Wer behauptet, ich würde weinen, Dummkopf? ... Geh und such dir ein Mädchen! Los, geh schon, hör auf mich!«

Dann setzte sich Gardel zu Madame Jeanne, trank ein Gläschen Anis mit ihr, als wäre er ihr Verlobter, und begann zu singen. Und wenn Gardel ihr etwas auf Französisch vorsang, fühlte sie sich wieder wie ein junges Mädchen, wie eine Braut, die auf ihren Geliebten wartet.

Eine solche Braut hatte Gardel, ein nettes Mädchen wie aus einem *vals criollo*; eine Braut aus dem Viertel, die Margarita Pretera hieß und im Abasto lebte, in der Calle Nueva Granada, der heutigen Calle Boulogne Sur Mer. Zusammen mit José Razzano und seinem Freund Alfredo Deferrari ging Gardel oft dorthin, um ihr ein Ständchen zu bringen. Dann raubte er ihr einen Kuss im Hausflur, von dem Margarita ihr ganzes Leben erzählte.

Doch solche Bräute gibt es nicht mehr. Und niemand singt mehr Ständchen.

Eine Kugel in der linken Lunge

In der Nacht des 11. Dezember 1915 machte sich Gardel mit ein paar Freunden auf den Weg zum Palais de Glace in Recoleta. Die Theatervorstellung war zu Ende, und er stieg mit Elías Alippi in den Wagen, den Antonio Sumaje, genannt der Flieger, steuerte. Zwei weitere Männer begleiteten sie: Morganti und Abelenda, Stammgäste im Club und große Tangoliebhaber. Der größte Tänzer von ihnen war ohne Zweifel Elías Alippi, der im Saal des Palais de Glace regelmäßig alle Blicke auf sich zog. Auch in jener Nacht tanzte er. Irgendein Halbstarker fühlte sich von ihm belästigt und ließ eine dumme Bemerkung fallen. Alippi reagierte nicht und tanzte einfach weiter, als sei nichts geschehen. Als er an den Tisch zurückkehrte, versuchte der andere, ihn weiter zu provozieren, ihn und seine Freunde. Gardel fürchtete nichts so sehr, wie in eine Schlägerei verwickelt zu werden. Er bemühte sich stets, wie ein redlicher Mann aufzutreten, wie jemand, der keine Rechenschaft über seine Vergangenheit ablegen muss. Er wollte nicht, dass man in seiner Jugend herumstocherte, in alten, längst vergessenen Zeiten. Wozu auch? Er war inzwischen ein anderer. Er hatte nichts mit diesem frühreifen Bürschchen zu schaffen, diesem Lackaffen, diesem verhätschelten Puffgänger. Er war jetzt ein Herr. »Ruhig Blut, Junge. Wir sind friedliche Leute«, sagte er und versuchte auf diese Weise, die Gemüter zu besänftigen. Doch der andere wollte ihm nicht zuhören; er wollte Streit. »Lass uns besser gehen, Elías ... Warum sollen wir uns den Abend verderben lassen?«

Sie verließen den Club. Der Mond schien auf das Straßenpflaster. Alippi klopfte Gardel auf den Rücken, der glücklich war, eine Schlägerei verhindert zu haben. Sie stiegen in den Wagen. Als sie zur Ecke Avenida Alvear und Calle Agüero kamen, verlangsamte der Wagen seine Geschwindigkeit und blieb schließlich stehen. Eine Minute später sahen sie die Halbstarken aus dem Palais de Glace, die ihnen gefolgt waren, aus drei Autos steigen. Auch Gardel stieg aus und stellte sich neben Elías Alippi. Er steckte eine Hand in die Tasche. Als ob er eine Waffe hätte. Manche behaupten, er habe eine gehabt, andere versichern, Gardel habe nur »Theater gespielt«, um den Angreifern Angst einzujagen. Wie dem auch sei, Gardels Geste wurde falsch verstanden. Niemand wollte seine versöhnlichen Worte hören: »Aber Jungs! Ihr habt kein Recht, so etwas zu tun! Wir wollen uns doch alle bloß ein bisschen amüsieren …« Als Antwort gab jemand einen Schuss aus einem Revolver ab. »Halt durch, Bruder!«, hörte er Alippi sagen, während sie ihn zur Notaufnahme fuhren.

Er glaubte, er sei tot und befände sich auf der anderen Seite des Río de la Plata, in der Hütte des Mannes aus Tacuarembó.

»Ich wusste, dass Sie zurückkehren würden. Früher oder später überqueren sie alle den Fluss«, sprach der Mann sein Urteil.

»Nein, ich will nicht«, wehrte sich Gardel, der seinen eigenen Tod träumte.

»Hier geht es nicht um Wollen oder Nichtwollen. Es gibt Leute, die stehen mit einem Fuß an diesem Ufer und mit dem anderen am gegenüberliegenden. Der Fluss ist Vergehen, Warten auf das Kommende, wie der andere *payador* gesagt hat.«

»Das verstehe ich nicht.«

»Niemand versteht das Leben, wenn er den Fluss nicht mutig überquert. Die meisten ertrinken, ohne irgendetwas zu begreifen.«

»Ich möchte zurück.«

»Es ist niemand mehr da. Sie sind ganz allein, Gardel.«

»Ich will zurück, habe ich gesagt!«

»Da vorne liegt ein Boot. Steigen Sie ein, wenn Sie können, und versuchen Sie, den Fluss zu überqueren, gegen den Strom zu rudern. Niemand wird Sie lenken. Es hängt ganz allein von Ihnen ab, ob Sie sich retten oder untergehen.«

In seinem Bett im Krankenhaus wollte der Verletzte mit der Kugel in der linken Lunge um Hilfe rufen. Niemand hörte ihn. Er öffnete die Augen und sah den Mann aus Tacuarembó, der an die Wand gelehnt dastand.

Kommissar Ordóñez fuhr zum Hospital Rawson, wohin man Gardel gebracht hatte. Die Ärzte informierten ihn, dass das Geschoss die linke Lunge durchbohrt hatte, es aber keine Austrittsöffnung gab. »Wird er operiert?«, fragte der Kommissar. »Nein, dem Mann geht es schon besser, und wir denken, dass es nicht notwendig sein wird, ihm die Kugel zu entfernen.« Der Kommissar zückte ein Notizbuch und notierte sich, was die Mediziner sagten. Anschließend ging er durch einen Flur bis zu dem Raum, in dem Gardel lag. Seine Mutter saß in einem Metallstuhl an seiner Seite. Der Mann nahm respektvoll den Hut ab und bat sie um Erlaubnis, unter vier Augen mit dem Sänger sprechen zu dürfen. Gehorsam erhob sich Doña Bertha, wies den Kommissar aber zuvor noch darauf hin, dass ihr Sohn sehr müde sei und nicht viel sprechen dürfe. »Wegen der Lunge, verstehen Sie? Man hat ihm in die Lunge geschossen … und er braucht viel Luft, zum Atmen, so wie jeder Mensch, aber auch zum Singen, weil das sein Beruf ist.« Kommissar Ordóñez beruhigte sie: »Ich werde es kurz machen, Señora. Ich bin nicht hier, um ihn zu verhören, sondern um ihm gute Nachrichten zu überbringen.« Doña Bertha seufzte erleichtert auf und setzte sich auf eine Bank im Flur, um dort zu warten. Sie sah, wie sich Ordóñez über den

Verletzten beugte, während er sein schwarzes Notizbuch aus der Tasche zog.

»Ich werde Sie nicht vernehmen, Don Carlos. Dafür ist noch Zeit genug. Außerdem haben Ihre Freunde bereits Anzeige erstattet. Die anderen haben wir auch schon vernommen. Die Angelegenheit liegt bereits in den Händen der Richter. Das Einzige, was jetzt zählt, ist, dass Sie wieder gesund werden. Gott sei Dank sehen Sie schon recht gut aus. Den Schützen haben wir bereits verhaftet: ein gewisser Gregorio Gallegos Serna … Der Typ trägt einen großen Namen! Genau wie die anderen. Jetzt verfolgen wir die Spur eines weiteren Verdächtigen: Roberto Guevara, der beim Anschlag dabei war … Aber keine Sorge: Wir werden die Sache schnell aufklären. Wir sind auf dem besten Weg.«

»Das hoffe ich, Señor. Ich muss weiter arbeiten.«

»Sie haben eine schöne Arbeit!«, lobte ihn Ordóñez, vielleicht ein bisschen neidisch.

Als er auf den Flur trat, grüßte er die Mutter des Sängers. Zufrieden vor Glück ging er leise vor sich hin pfeifend davon.

»Wenn Carlos stirbt, werfe ich mich vor einen Zug«, schwor sich Margarita, nachdem sie die Polizeiberichte in *La Prensa* und *La Razón* gelesen hatte. Ganz melodramatisch erhielt die Kleine aus der Calle Nueva Granada die Beileidsbekundungen ihrer Nachbarinnen bereits im voraus. Sie standen Schlange vor ihrer Haustür. Anschließend gingen sie in den Patio und setzten sich wie bei einer Totenwache auf die kleinen Holzbänke. Margarita fühlte sich wie der Star des Abasto. Sie wiederholte, was in den Zeitungen stand, fügte jedoch hier und da ein paar zärtliche Verkleinerungsformen wie etwa »das arme Bürschchen« hinzu. Sie hatte das Gefühl, dass Gardels Unglück ganz allein ihr gehörte. Margaritas Nachbarinnen lauschten ihrem Bericht, als wäre sie die Hauptperson eines Groschenromans oder populären Theaterstücks. Gemeinsam mit Gardels Freundin wartete der Chor dieser klatschsüchtigen, Trauerkleidung tragenden Frauen auf das tragische Ende des Sängers. »Wenn dieser Faulpelz nicht stirbt, werde ich ihn persönlich umbringen!«, sagte der Vater der jungen Frau verärgert. »Möge Gott das verhindern!«, schrie seine Frau, und die Nachbarinnen fragten sich, ob ein weiteres Unglück geschehen sei. Der Hof des Mietshauses füllte sich mit lautem Stimmengewirr, kontroversen Meinungen, Beschimpfungen und theatralischen Gebärden. Margarita hatte das vage Gefühl, ihr Hof im Abasto sei das Zentrum der Welt.

Elías Isaac Alippi – so steht es auf seinem Taufschein –, Argentinier, 32 Jahre alt, Beruf Schauspieler und Tänzer, wohnhaft in Buenos Aires, trat vor mich, den zuständigen Richter. Kaum war er erschienen, übernahm er die Rolle des Anklägers, weshalb ich ihn zur Ordnung rufen und daran erinnern musste, dass er sich im Justizpalast und nicht im Theater befand. »Bleiben Sie bei den Tatsachen, und ich werde diese gemäß dem Gesetz beurteilen.« Da änderte besagter Alippi, der wie alle Schauspieler ein Chamäleon war, sein Auftreten und nahm die Rolle des Opfers ein. Der Gerichtssekretär musste ihn auffordern, sich auf die Schilderung des bereits allgemein bekannten Ereignisses zu beschränken. Anstatt sich jedoch daran zu halten, begann Señor Alippi die Szene nachzuspielen, in der man seinen Freund Carlos Gardel angeschossen hatte. Er tat dies auf eine sehr überzeugende Art und Weise. Die Gerichtsdiener waren derart bewegt, dass sie seinen Auslassungen Beifall spendeten. So steht es in den Akten. Natürlich weicht seine Aussage von der ab, die ich gestern von Señor Gregorio Gallegos Serna aufgenommen habe. Auf Wunsch des Herrn Staatsanwalts José Demaría ist eine Ermittlung *in situ* in dem Palais de Glace genannten Etablissement eingeleitet worden, wo der nächtliche Zwischenfall seinen Ausgang nahm. Man sollte nicht unerwähnt lassen, dass die dort auf

der Suche nach Zerstreuung zusammentreffenden Individu-
en die Nächte für gewöhnlich mit Fausthieben und Schlägen
ausklingen lassen. Es hat sich jedoch erwiesen, dass die Besitzer des Palais de Glace genannten Etablissements in keinerlei
Weise etwas mit dem ungesitteten Benehmen einiger ihrer
Gäste zu tun haben. Nachdem er seine Aussage beendet hatte, verabschiedete sich Señor Alippi mit einer theatralischen
Verbeugung und dem unnötigen Ausspruch: »Möge die Ge-
rechtigkeit siegen!«

Als Gardel im Innenhof seines Hauses die angenehme Nach-
mittagssonne genoss, befand er sich bereits wieder auf dem
Weg der Genesung. Hinter den Fensterscheiben sah der vom
Nachtleben Bekehrte das Licht der Vorstadt und jenseits von
ihr die Pampa. Er sah einen Wald, eine Lagune, die Hütte
des Mannes aus Tacuarembó. Während der langen Nächte im
Krankenhaus hatte er oft von diesem Mann geträumt, doch
hier bei sich zu Hause konnte er sich dank der Vertrautheit des
Mates und der Fürsorglichkeit seiner Mutter erholen. Gardel
hatte seinen inneren Frieden wiedergefunden. Er nahm die
Gitarre, suchte die richtige Tonlage und begann eine länd-
liche Melodie zu singen. In diesem Moment besuchte ihn der
Uruguayer, und zusammen gingen sie ihr Repertoire durch.
Ein Lied, noch eins. Ein Mate. »Vielen Dank, Doña Bertha.«
Das nächste Lied. Genau wie auf der Bühne des Teatro Nacional. Oder wie im Apolo. Sie spielten und sangen im Duett:
die Drossel und der Uruguayer. Doña Bertha zog sich diskret
zurück.

Gardel singt *Pobre mi madre querida*, Betinottis Verse. Als
Doña Bertha das Lied hört, kommen ihr fast die Tränen. Und
während sie ein Hemd bügelt, einen Knopf annäht oder ihre
Hände mit irgendeinem Nippes spielen, erinnert sie sich an
jenen Sommer in Toulouse, als Paul Lasserre sie in seinen
Armen hielt und auf den Mund küsste. Allein der Gedanke

treibt ihr die Schamesröte ins Gesicht. War sie von allen guten Geistern verlassen? Was würde ihr Sohn sagen, wenn er davon wüsste? Doch da taucht erneut das Bild Paul Lasserres vor ihren Augen auf. Als sei die Zeit stehengeblieben. Es ist heiß. Es muss die Sommerhitze sein, die solche Erinnerungen in ihr wachruft: sie am Spülbecken, und Paul Lasserre, der sich ihr nähert. »Nein, das ist bereits geschehen; es geschah vor langer Zeit und wird nicht wieder geschehen.« Seit damals hatte es keinen Mann mehr in ihrem Leben gegeben. Nur sie und ihren Sohn. Als sie hier ankam – es war gerade Karneval –, glaubte sie, die ganze Welt sei verrückt geworden. Die Leute tanzten und sangen auf den Straßen, als wäre die Stadt eine einzige große Theaterbühne. Bereits kurze Zeit später arbeitete Doña Bertha als Büglerin und Kostümschneiderin für ein Theater. Ein schöner Beruf. »Ich habe damals für berühmte Leute gearbeitet, und mein Sohn ist immer in die Künstlergarderobe gelaufen, wo sie ihn alle sehr gemocht haben. Er hatte ein paar Opern gehört, und weil er ein gutes Gehör besaß, hat er sie später nachgesungen und dabei alle Rollen gespielt …«

Es ist heiß. Wie an jenem Nachmittag in Toulouse.

Als Gardel in das Flugzeug steigt, herrscht eine unerträgliche Hitze in Medellín. Es ist drei Uhr nachmittags. Das Flugzeug nähert sich dem Ende der Piste. Gardel wischt sich mit einem Taschentuch über die Stirn. Da sieht er ihn. Es ist derselbe Mann, dem er immer wieder in seinen Träumen begegnet, der Mann aus Tacuarembó. Er trägt einen schwarzen Poncho und hält eine Gitarre in der Hand. Der Sänger schließt die Augen, und in einem letzten Aufschrei ruft er nach seiner Mutter.

Nichts als Theater, nichts als Kino

Auch wenn man ihm in die linke Lunge geschossen hatte und die Kugel noch immer in seinem Körper steckte, dachte er damals nicht an den Tod. Das Leben war für ihn »nichts als Theater, nichts als Kino«, wie er in der Kneipe El Pajarito sagte, in der Nacht, bevor er nach Brasilien aufbrach. In jener Nacht fehlten die Frauen, da »Müßiggängerinnen«, wie Don Giuseppe Marzotti sie nannte, im Lokal nicht erlaubt waren. Er selbst bediente an den Tischen, und diese Nacht sang er zu Ehren der Reisenden auch eine italienische Canzonetta, die erste, die er Gardel beigebracht hatte, als dieser noch ein kleiner Junge war. Sie aßen reichlich, und der Wein floss in Strömen. Für einen Moment dachte der Wirt, er befände sich wieder in Italien, in seinem *paese*. Gardel brachte einen Trinkspruch auf ihn aus, und der Wirt umarmte ihn wie einen Sohn, den er nicht hatte. Als die Gäste die Kneipe verließen, dämmerte es draußen bereits.

Wenige Stunden später gingen der Dunkle aus dem Abasto und der Uruguayer über die Gangway an Bord des Dampfers der Compañía Dramática Rioplatense, der sie nach Brasilien bringen wurde. Der Unternehmer Santiago Fontanilla begrüßte Gardel und sagte: »Es ist alles geregelt, Morocho, hier hast du deinen Pass.« Fontanilla hatte ihm schon mehrfach Scherereien und vielleicht auch das eine oder andere polizeiliche Verhör wegen eines Streichs oder kleineren Vergehens in der Jugend erspart. »Danke, *gallego*, Gott wird es dir vergelten!«, bedankte sich Gardel mit einem Lächeln auf den Lippen. Dann ging er an Deck, wo sich die Frauen vom Schiffspersonal unterhielten. Eine von ihnen gestand Gardel, dass sie ihn bewundere und ihn einmal im Armenonville singen gehört habe. »Ich war mit einem Freund dort«, sagte sie, als ob sie ihm eine Erklärung schuldig wäre. »Ich hoffe, Sie haben ihn nicht mitgebracht«, scherzte Gardel. In diesem Moment legte der Dampfer ab.

»Im Angesicht des Meeres ist niemand ein Fremder«, dachte er. Dann stimmte er eine Arie auf dem Schiffsdeck an. »Bravo!«, hörte er jemanden hinter sich sagen. Er konnte es nicht glauben. Dort, nur wenige Schritte von ihm entfernt, stand Enrico Caruso, der große Caruso, der Opernsänger, dessen Gesang Gardel als Junge imitiert hatte. Es war einfach unglaublich. »Wie in einem Traum«, dachte er. Caruso bat ihn, ein kreolisches Volkslied, eine Milonga oder einen Tango zu singen. Er hörte Gardel aufmerksam zu und bewegte dabei leicht den Kopf im Rhythmus der Melodie. So als nähme er eine Prüfung in der Mailänder Scala ab. Sie waren jedoch allein auf dem Bug des Schiffes. »Bewahren Sie sich Ihre Baritonstimme«, riet ihm Caruso. »Für den volkstümlichen Gesang eignet sie sich am besten.« An die Reling gelehnt, erlebten die beiden Männer diesen gemeinsamen Moment. Sie fragten sich nicht, ob sie sich je wiedersehen würden. »Denn wir Künstler säen Träume auf den Straßen der Meere«, wie Caruso sagte. Gardel sollte sich sein ganzes Leben an diesen Satz erinnern, auf all seinen Reisen.

Auch während seiner Tournee durch Brasilien glaubte Gardel den Mann aus Tacuarembó zu sehen; er stand inmitten einer Gruppe anderer Männer, Schmugglern aus Rio Grande do Sul. Der Mann aus Tacuarembó sprach portugiesisch mit ihnen. Mit dem Sänger wechselte er jedoch kein Wort. Er sah ihn bloß herausfordernd an, genau wie in Gardels Träumen. Eine Woche später sah er ihn in Montevideo wieder, am Ausgang des Teatro Royal. Gardel war mit Razzano unterwegs, als der

Mann aus Tacuarembó ihnen den Weg versperrte. Anfangs erkannte ihn Gardel nicht gleich. Er dachte, es sei jemand, der Streit suchte, irgendein Betrunkener. In diesem Augenblick war der andere bereits wieder in der Dunkelheit einer Gasse verschwunden.

»Lass ihn«, riet ihm der Uruguayer. »Das kann ein Hinterhalt sein.«

Gardel glaubte das Krächzen von Raben zu vernehmen. Aber es war nur das Lachen der Straßendirnen.

Er wusste, dass sein Schicksal das Reisen war, sich verlieren, um sich wiederzufinden.

Eines Nachts, in einer Bar in Montevideo, begegnete Gardel dem Dichter Pascual Contursi, der ihm ein paar seiner jüngsten Verse vorlas. »Ich habe Musik von Castriota in Worte gefasst und sie einer Frau gewidmet, einer gewissen Lita«, erklärte ihm der Dichter. Als Gardel die Verse hörte, dachte er, dass sie die potentielle Muse um einiges überträfen. Während sie am Hafen entlanggingen, setzten sie ihre Unterhaltung fort. Sie kamen zu der Pension, wo Contursi wohnte. Dort sang Gardel, während er sich selbst mit der Gitarre begleitete, die Verse des Dichters, die eine andere Nacht heraufbeschworen, eine traurige Nacht, die dem Lied seinen Titel geben sollte. In der Ferne ertönte das Signalhorn eines Schiffes. »Abreisen, heimkehren. Immer das Gleiche«, dachte Gardel.

Heute weiß jeder, dass jene Verse den Text von *Mi noche triste* bilden, wie dieser Tango seit damals heißt. Gardel sang ihn an einem Abend im Jahr 1916, im Teatro Esmeralda, dem heutigen Maipo. Begleitet wurde er von José Razzano und einem weiteren Gitarristen: dem Schwarzen José Ricardo, der wie kaum ein anderer eine Milonga zu zupfen und beim Tango die Bass-Saiten zu spielen verstand. Anfang der fünfziger Jahre versuchte Edmundo Guibourg in unserer Runde im Café, Borges' Kritik an *Mi noche triste* und an Carlos Gardel und die Hypothese des großen Autors zu widerlegen, dieses Tangolied habe den Niedergang der städtischen Musik begründet. Immer wenn es zu solchen Diskussionen kam, lächelte mein Freund Astor Piazzolla, der sich unserer Runde angeschlossen hatte, ironisch. Für ihn gab es nur *eine* Musik: Er konnte genauso mit Aníbal Troilo, dem ›Dicken‹, spielen und mit Ginastera eine Klaviersonate schreiben. »Ich bin ein heterodoxer Tangomusiker«, erklärte der Kenner von Bartók und Strawinsky. Er bewunderte Gardel, den er als Kind in New York kennengelernt hatte, als ihn der Sänger einlud, an einem seiner Filme mitzuwirken.

Aber das ist eine andere Geschichte. Im Café erinnerte jemand boshaft an Gardels ersten Film, seine Rolle in *Flor de durazno*.

»Was für eine Katastrophe!«, rief der respektlose Spötter.

Niemand wusste, warum er zusagte, warum er die Rolle in dem Film annahm. Es war ihm peinlich, sich als Matrose zu verkleiden. »Ich fühle mich wie ein Clown. Nicht wie ein wirklicher Clown, wie Frank Brown, sondern wie irgend so ein Possenreißer, den man als Schauspieler verkleidet hat. Das bin ich nicht, Señor! Streichen Sie mich aus dem Film! Was soll das heißen, das geht nicht mehr? Wollen Sie etwa behaupten, dass ich von nun an für immer auf dieser Aufnahme zu sehen sein werde und mich lächerlich mache? Kann man das nicht löschen? Ich bitte Sie, tun Sie mir den Gefallen!« Seine Freundin war dagegen hocherfreut. Als sie erfuhr, dass ihr Carlitos in einem Film mitspielen würde, schwebte sie im siebten Himmel. Und als sie auch noch hörte, dass es sich um eine Verfilmung des Romans *Flor de durazno* von Hugo Wast, ihrem Lieblingsschriftsteller, handelte, konnte sie es kaum glauben. Sie war nicht nur eine treue Leserin

von Groschenromanen, sondern auch eine begeisterte Kino-
gängerin. Im heruntergekommenen Kinosaal ihres Viertels
durfte Margarita von einem anderen Leben träumen. Dann
wurde sie zu einer Odaliske, einer Sklavin, einer Prinzessin,
einer Schlangenbeschwörerin, einer Zigeunerin oder einer
Tänzerin. Auf der Leinwand kämpften ihre Liebhaber miteinander und starben für sie, und sie ließ sich ohnmächtig
in die Arme dieser wunderschönen Männer ohne Brust-
behaarung fallen. »Mein Gott, ich weiß nicht, was ich mit
den Händen anstellen soll, den fest zusammengepressten
Beinen, während meine Oberschenkel glühen wegen der
Dinge, die ich auf der Leinwand sehe.« Natürlich kann sie
ihrem Carlitos so etwas nicht erzählen, weil er sie sofort für
eine Nutte halten würde – statt für das anständige Mädchen,
das schon morgen die Mutter seiner Kinder sein kann. Nein,
sie wird ihm nichts sagen. »Er hat keinen Grund, auf diese
Galane neidisch zu sein.« Ihr Carlos könnte genau wie sie
sein, dachte sie, jetzt, da er fürs Kino arbeitete. *Ihr* Carlitos,
nicht der andere, der kleine Charlie Chaplin, der sie so oft
zum Lachen brachte. Obwohl sie gelegentlich auch weinen
musste, wenn sie ihn sah, vor allem dann, wenn er auf einem
staubigen Weg davonging, in seinen löchrigen Schuhen,
und seinen Spazierstock kreisen ließ. »Ich mag es, im Kino
zu weinen«, sagte Margarita. »Carlitos glaubt, ich sei ein
Dummchen, eine Träumerin, wie er sagt. Aber er liebt mich
trotzdem, und das ist es, was zählt. Heute habe ich beim Drehen zugeschaut. Ich hatte einen kleinen Henkelkorb dabei,
mit Sandwiches für Carlitos. Der Regisseur, Señor Francisco
Defilippis Novoa, hat mich fast umgebracht … ›Sehen Sie
nicht, wie dick Ihr Freund ist?‹, sagt er zu mir. Ich betrachte
Carlitos, und es stimmt … Aber er sah so gut aus in seiner
Matrosenuniform! … Ganz entzückend! Wahrscheinlich
weil ich ihn liebe und weil ich immer alles durch die rosa
Brille sehe, wie er sagt.«

Gardel langweilte es, immer wieder die gleiche Szene zu wiederholen. Er kam sich lächerlich vor. »Dann lieber das Theater, wo auch mal improvisiert wird«, sagte er, als die Probe beendet war. Zum Glück hatte er seine Gitarre mitgebracht, und jetzt versammelten sich alle um ihn herum, um ihm beim Singen zuzuhören. So war es besser, jetzt hatte er wieder das Gefühl, er selbst zu sein: ein Sänger und kein Hampelmann ohne Stimme und Musik.

Er war wieder die Drossel, wie ihn der *payador* José Betinotti einst getauft hatte.

Die Lieder, die Abenddämmerungen

Als Gardel eines Tages pfeifend die Straße entlanglief, hörte er, wie ein Zeitungsverkäufer eine Revolution in Russland verkündete. Er sah einen Polizeiwagen vor Capots Druckerei stehen und beschleunigte seinen Schritt. Als er die Druckerei betrat, durchwühlte die Polizei gerade auf Befehl von Kommissar Bermúdez den ganzen Betrieb.

»Der hat uns gerade noch gefehlt!«, scherzte der Kommissar, als er Gardel hereinkommen sah. Er erklärte ihm, dass es sich um eine reine Routinedurchsuchung handle und dass er nicht beabsichtige, Señor Capot festzunehmen. Kommissar Bermúdez, der gelegentlich auch eine Pause im Café der Brüder Traverso einlegte, erinnerte den Sänger daran, ihn schon lange nicht mehr im Komitee gesehen zu haben.

»Ich war auf Tournee, Kommissar.«

»Sie Glücklicher! Ich hab von Ihrem Vorfall mit den Halbstarken aus dem Palais de Glace gehört. Mein Freund Ordóñez hat mir in allen Einzelheiten davon berichtet. Verdammt! Dieses Land ist auch nicht mehr das, was es mal war.«

Als die Polizisten ihre Besichtigung beendet hatten, nahmen sie die Exemplare einer Zeitung, ein paar Broschüren und einen Stapel Flugblätter mit. Der Kommissar hielt den beiden Männern ein Protokoll hin, das Capot als Betroffener und Gardel als Zeuge unterzeichneten.

»Meine Herren, man sieht sich!«, verabschiedete sich Kommissar Bermúdez. Capot antwortete ihm nicht, und Gardel beschränkte sich darauf, zu lächeln, so als befände er sich auf einer Bühne.

Sobald die Abenddämmerung hereinbrach, pflegte Señora Odalie Ducasse, Esteban Capots Mutter, mit ihrer Freundin im Hof zu plaudern. Die beiden hatten in ihrem Leben viel gearbeitet, um für ihre Söhne zu sorgen: die eine als Büglerin, die andere als Arbeiterin in einer Hutfabrik und Zigarettendreherin. Als junge Frauen hatten sowohl Bertha als auch Odalie die Jahrmärkte von Toulouse besucht. Dort hatte sich die eine in den Kommunarden Capot aus dem Departement Lot-et-Garonne verliebt, die andere in Paul Lasserre, den wortgewandten Schürzenjäger. Beide Frauen konnten sich noch gut an die Straßennamen von Toulouse und an die jungen Männer erinnern, die ihnen den Hof gemacht hatten, bevor sie ans Ende der Welt aufgebrochen waren.

»Ich hatte nie mehr einen anderen Mann, Odalie.«

»Ich auch nicht. Oder ich hab's vergessen. Inzwischen macht das keinen Unterschied mehr.«

»Was stellt die Zeit bloß mit den Menschen an, Odalie? Ehe man sich's versieht, ist man alt. Aber innerlich bleibt man jung. Nur der Spiegel betrügt einen.«

»Für mich siehst du noch genauso jung wie damals aus, Bertha.«

Es wird kühler, und die beiden Frauen gehen ins Haus.

Doña Bertha schenkt ihrer Freundin Tee ein und legt eine Schallplatte ihres Sohnes auf das Grammophon.

Der alte, von den Jahren gebeugte Caudillo war in die Betrachtung des Sonnenuntergangs vertieft. Eingehüllt in seinen Poncho, saß Oberst Escayola in einem Sessel und ließ den Blick über die Weite des Landes schweifen, die er früher so oft auf seinem Falben durchquert hatte. Gehorsam goss ihm der Mann aus Tacuarembó einen weiteren Mate auf. Wie nebenbei erwähnte er, dass er den Bastard gesehen hatte. »Ja, den Sänger.« Der alte Oberst sah ihn an; an diesem Abend spürte er so etwas Ähnliches wie Stolz. Letzten Endes hatte er nicht einfach irgendein Kind mit Manuela Bentos gezeugt. Dieser Sänger war sein Sohn, auch wenn er nicht seinen Namen trug und sich einbildete, ein Franzose zu sein. »Und wie singt der Mann?«, fragte er. »Wie ein Vogel, eine Drossel«, antwortete der Mann aus Tacuarembó finster.

Es war ein Ausländer, ein Künstler und Geschäftsmann, der die Stimme der Drossel auf Tausenden von Schallplatten verbreiten sollte. Er hieß Max Glucksmann, war in Czernowitz geboren und arbeitete für die Schallplattenfirma Odeon. Glucksmann war ein ausgezeichneter Fotograf, begeisterter Kinogänger und fanatischer Musikliebhaber, der komplette Opern, Operetten, Zarzuelas und Couplets im Gedächtnis behalten konnte. Eines Abends saß er mit einer befreundeten Tonadillasängerin im Parkett des Teatro Esmeralda. Mit geschlossenen Augen hörte er Gardel *Mi noche triste* singen, diesen melancholischen Tango aus der Welt der Ganoven und Prostituierten. In dieser Nacht sang Gardel so gut wie nie. Als die Vorstellung zu Ende war, gingen Glucksmann und seine Begleiterin zu Gardel, um ihn zu begrüßen. Die Sängerin gestand ihm, dass sie der verlassene Mann aus dem Lied zutiefst gerührt habe. »Armer Kerl! Er kommt in ein verwaistes Zimmer, die Frau ist verschwunden, das Bett leer, nur ein Bild von ihr ist übrig und diese hübschen kleinen Flakons, die mit Schleifen versehen und alle von der gleichen Farbe sind. Oh, mein Gott!«, sagte die Coupletsängerin laut seufzend und bewegte ihren großen Busen, den die Drossel die ganze Zeit über angestarrt hatte.

»Es ist mir ein Vergnügen, Señora«, sagte Gardel und versprach Max Glucksmann, gleich am nächsten Tag in seinem Büro vorbeizuschauen.

Lola

Die Coupletsängerin und Freundin von Max Glucksmann besuchte das Tonstudio von Odeon, wo Gardel gerade eine Platte aufnahm. Wie hypnotisiert hörte sie ihm zu. Dieser Tango aus den Vororten von Buenos Aires konnte genauso gut aus einem Viertel in Madrid stammen, wo sie geboren worden war. Nach einem Jahr in Buenos Aires und der Erfahrung vieler Nächte konnte Lola die Begriffe aus dem Lunfardo übersetzen, die es in *Flor de fango* gab, und sie spürte, dass sie es war, die in dem Tango besungen wurde. »Ja, genauso war es«, erinnerte sich Lola, während sie im Studio von Odeon sitzt und weint.

»Ich kann heute nicht mit dir ausgehen, Lola. Ich habe wahnsinnig viel zu tun«, entschuldigte sich Max Glucksmann bei der Sängerin. Verärgert begann die Frau, wie ein kleines Mädchen zu wimmern. Gardel fand die Szene amüsant, doch gleichzeitig tat ihm die Sängerin auch leid, und so bot er an, sie zu begleiten. An diesem Tag schlenderten sie durch das Zentrum, aßen gemeinsam, und in einem Laden kaufte sie sich ein Kleid. Ihr Bild im Spiegel sah wie gemalt aus: der kleine Mund, die breiten Hüften und die riesigen, beeindruckenden Brüste. Am Abend führte Gardel sie zum Tangotanzen in ein Nachtlokal aus.

Während des Tanzens lernten sie sich besser kennen. Er führte ganz ohne Überheblichkeit, und sie ließ es gerne mit sich geschehen. Sie lehnte den Kopf an seine linke Schulter, während er ihren Hals betrachtete und daran dachte, wie gerne er ihn küssen würde. Er tat es nicht, denn ein tangotanzender Mann ist einzig der Musik verpflichtet, und er darf sich von nichts ablenken lassen. Sie spürte seine Hände fest auf ihrem Rücken und ihrer Taille ruhen – und ganz sanft, sie kaum streifend, auch etwas weiter unten. Sie ließ sich führen und vom Schwindel des Tangos mit sich reißen. Die Vertrautheit zwischen ihren Körpern wuchs, jede Berührung war ein Streicheln, ein Versprechen. Sie presste die Brüste an ihn, und er steckte ein Bein zwischen ihre Oberschenkel, um eine *sentada* zu vollführen. Sie spürten, wie ihr Atem verschmolz und sie nur noch einen Wunsch hatten, die Lust, sich in die Arme zu fallen. Sie verließen den Club und traten in die nächtliche Luft hinaus. Es war kühl, doch sie spürten die Kälte kaum. Sie riefen einen Wagen mit geschlossenem Verdeck, wo sie ihm ihre aus dem Kleid hervorquellenden Brüste darbot. Schließlich erreichten sie das Hotel in der Avenida de Mayo, in dem die Coupletsängerin wohnte. Im Fahrstuhl küssten sie sich weiter. So gelangten sie in Lolas Zimmer. Jeder von ihnen verspürte einen unzähmbaren Hunger nach dem anderen, dann stürzten sie sich ins Bett.

Gute Miene zum bösen Spiel

Die Sirene der Tageszeitung *La Prensa* verkündet das Ende des Ersten Weltkriegs. In den Listen des Militärs fehlt der Name von Charles Romuald Gardès. Doch weder Bombensplitter noch Schmutz haben ihn ausgelöscht, und auch die Läuse in den Schützengräben nicht. Es gibt jedoch eine Rechtfertigung für sein Fehlen. Der uruguayische Konsul hat Gardès ein Dokument besorgt, das ihn als Carlos Gardel, geboren in Tacuarembó, Uruguay, ausweist. Er ist nicht mehr Gardès, er ist Gardel. Es ist bloß eine winzige Änderung im Nachnamen seiner Mutter. Vielleicht hat er ihn selbst so ausgesprochen, hatte er doch die Marotte, Buchstaben durch andere zu ersetzen, so wie beim Singen seiner Tangos. Er möchte nur ungern gestört werden. Unterbricht man ihn beim Singen, verliert er schnell die Geduld. Er will keine Geschichten aus dem Krieg oder über Liebesleid hören. Margaritas Briefe voller Klagen und Beschwerden hat er bereits vergessen. »Zum Glück hat sie einen Apotheker aus Caballito geheiratet. Aus den Augen, aus dem Sinn. Und Lola ist nach Madrid zurückgekehrt. Eine wunderschöne Frau. Sie hat mir ein Foto hinterlassen, auf dem sie angezogen ist, als wollte sie gerade auf ein Fest gehen. Diese wunderschöne Irre.«

Im Kaffeehauszirkel diskutierte man, was die Frauen Gardel bedeuteten, ob er sie eher hasste oder ob sie ihm gleichgültig waren und er »ein unheilbarer Ödipale« war, wie der unbeschreibliche Marcelo Vignoli meinte, der Psychoanalytiker und Autor des Buches *Tango und Psychoanalyse*, das damals in den fünfziger Jahren einigen Erfolg verbuchen konnte. Mein

Freund Jacobo Timerman behauptete, Gardel habe wie der verlorene Sohn in dem Gleichnis gelebt, und alles andere sei nebensächlich. Im Gegensatz dazu war das Bild eines die Huren liebenden Gardel für den Sportreporter Ruiz eine absolute Voraussetzung für seine Verehrung des Tangosängers – genauso wie Gardels Leidenschaft für Pferderennen. »Lachen Sie nicht, meine Herren, aber beides ist gleich wichtig! Ein Macho wird auch Hengst genannt, und eine Frau, die sich bezahlen lässt, Stute«, sagte er im Café.

Der Schwarze Ruiz erinnerte sich an einen denkwürdigen Tag im Jahr 1918, auf der Pferderennbahn von Palermo, als Botofago und Grey Fox gegeneinander liefen. Gardel hatte alles, was er besaß, auf Botofago gesetzt. »Das Rennen begann!«, erzählte Ruiz und ließ die Ereignisse jenes Tages wieder aufleben. »Grey Fox ging in Führung, Botofago lag drei Längen hinter ihm. Gardel stellte sein Fernglas scharf und sah, wie sich Botofago bemühte, die Distanz zum Spitzenreiter zu verringern. Aber Grey Fox ließ nicht nach. So ging es in die letzte Kurve. Der Jockey von Grey Fox stand in den Steigbügeln und fühlte sich bereits als Sieger. Doch Botofago schöpfte neue Kraft und kam immer näher. Auf der Zielgeraden beschleunigte er noch einmal, bis er Kopf an Kopf mit Grey Fox lag. Das Publikum auf der Tribüne schrie auf. Botofago war als Sieger durchs Ziel gegangen.«

»Das war verdammt knapp, Morocho!«, rief Razzano, während er Gardel zum Wettschalter begleitete. Als sie die Pferderennbahn verließen und zu den Ställen gingen, bat sie ein Bettler um einen Almosen. Lächelnd zückte Gardel einen Hundertpesoschein und sagte zu dem erstaunten Bettler:

»Das schickt dir Botofago! Heute ist unser Glückstag, mein Freund!«

Capot meinte, dass Almosen nichts anderes als die falsche Großzügigkeit der Reichen seien. »Besser als nichts«, antwor-

tete Gardel, dem es gefiel, verschwenderisch Almosen zu ver-
teilen. So wie an dem Abend, als er aus dem Theater kam und
einen vor Kälte zitternden Mann erblickte. Er lud ihn zum
Essen ein, gab ihm das gesamte Geld, das er bei sich trug, und
schenkte ihm seinen Mantel.

»Von Almosen wird die Welt nicht besser«, meinte Capot.

»Ich will sie auch gar nicht verbessern, ich will nur in ihr
leben«, erwiderte der Sänger.

»Diese Aufrührer gehören erschossen!«, sagte der Älteste der
Brüder Traverso im Café. Dabei schaute er zu den Fuhrmännern hinüber, die die hinteren Tische besetzt hatten. Gardel
sah einen Mann, der ein schwarzes Sakko trug und Waffen
und Geldscheine verteilte. Es war ein Sommertag im Jahr
1919. Es hieß, die Streikenden der Vasena-Fabrik hätten sich
verschanzt und wären bereit, Widerstand zu leisten. »Man
sollte sie umstimmen«, sagte der Älteste der Traverso-Brüder
boshaft. Aber dann erklärte er, dass er nichts mit der Angelegenheit zu tun habe. Ihm sei es egal, ob die Fuhrmänner
im Café nun Streikbrecher waren oder nicht. Und auch ob
sie Revolver trugen oder ein Gewehr unter dem Kutschbock
versteckten, interessiere ihn nicht. »Das ist deren Bier«, sagte
er zu Gardel, als dieser seinen Kaffee getrunken hatte und auf
die Straße hinaustrat, wo die Passanten unter der sommer-
lichen Hitze litten. Gardel durchquerte den Stadtteil Once
in Richtung des Abasto-Großmarkts, als er die ersten Schüs-
se hörte. Er sah mehrere Männer mit Karabinern aus einem
Wagen springen. Sie trugen Armbinden in den Landesfar-
ben. »Schnösel von der rechten Legión Cívica Argentina«,
informierte ihn ein Nachbar und beeilte sich, die Gitter vor
seinem Laden herunterzulassen. In diesem Moment trat ein
alter Mann aus der Synagoge. Als die Typen ihn sahen, liefen sie zu ihm, bedrohten ihn, und einer zog an seinem Bart.
Gardel schämte sich für sie, und es tat ihm in der Seele weh,

mit ansehen zu müssen, wie sie einen alten Mann misshandelten.

»Ziegenbock, määäh!«, machte sich einer der Typen über den Alten lustig, während er ihn herumschubste.

Die anderen beteiligten sich und stießen ihn so lange vor sich her, bis er hinfiel. Sie begannen, ihn zu treten, und da zog Gardel seinen 38er-Revolver. Er wollte keine Schwierigkeiten bekommen, keinen Rückfall in die alten Tage erleben, »aber er schämte sich«, berichtete Guibourg, »denn er war ein Mann, der eine solche Ungerechtigkeit nicht ertragen konnte. Das war alles. Er hat nie von diesem Vorfall gesprochen, und wenn ich jetzt davon erzähle, dann nur, um die Dinge zurechtzurücken.« Gardel musste keinen einzigen Schuss abgeben. Möglich, dass ihn jemand erkannt hat (zu der Zeit hatte er schon eine gewisse Berühmtheit erlangt), oder die Lackaffen befürchteten einfach nur, dass das Ganze eskalierte.

Als die Typen sich davonmachten, ging Gardel zu dem alten Mann und half ihm aufzustehen. Er begleitete ihn bis zu seiner Wohnung in einer Mietskaserne in der Calle Pasteur.

Eine Frau öffnete ihnen die Tür und ließ sie eintreten.

»Was hat man Ihnen angetan, *zeide*?«, fragte sie den Alten. Er versuchte zu lächeln und sich den Schmerz und die Scham nicht anmerken zu lassen. Wie damals in Russland. Genau wie in Russland. Sie ging nach hinten ins Zimmer und holte eine Schüssel mit Wasser, Salz und ein Fläschchen mit Alkohol.

»Diese Idioten«, murmelte sie.

Sie begann, die Wunden des Alten zu säubern. Dann wandte sie sich an Gardel und sagte:

»Ich hätte dich gern unter anderen Umständen wiedergesehen … Du kannst dich nicht an mich erinnern, stimmt's?«

»Nein, Señora«, antwortete der Sänger, obwohl sich in diesem Moment ein anderes Bild über das der Frau schob, die gerade in einem Hinterhof in der Calle Pasteur die Wunden ihres Großvaters reinigte.

»Du bist Sarita, oder?«, entschloss er sich zu fragen.

»Ja, Carlos. Aber ich sehe schon, ich muss mich sehr verändert haben.«

Der Sänger bemühte sich, das Gesicht dieser vorzeitig gealterten Frau mit dem einer Jugendlichen aus Montevideo in Einklang zu bringen. Er hatte sie kennengelernt, als sie sechzehn und er achtzehn Jahre alt war, damals, als er nach Montevideo gereist war, um sich zu verstecken. Wegen eines Missverständnisses, das mit einer Bluttat endete. Schlimme Zeiten. Damals war er auch zum ersten Mal dem Mann aus Tacuarembó begegnet.

Sarita erinnerte sich, dass Gardel als Gehilfe eines Elektrikers für eine soziale Hilfskasse gearbeitet, sich aber nachts als Sänger in den Kneipen von Montevideo verdingt hatte.

»Jahrelang hatte ich das Foto aufbewahrt, auf dem wir beide im Parque Malvín zu sehen sind. Später ist es bei einem Umzug verlorengegangen«, erzählte ihm die Frau.

Sie brachte ihren Großvater in ein Zimmer im hinteren Teil der Wohnung. Von der Straße drangen Schreie, der Lärm davonstürzender Leute und das dumpfe Geräusch von Schüssen zu ihnen. »Die Welt ist sonderbar«, dachte der Sänger. Er fühlte sich, als habe er sich in der Zeit verirrt.

Auch in schlechten Zeiten hat der Dunkle niemals die Ruhe oder sein Lachen verloren, beteuerte José María Aguilar während unseres Treffens im Café. »Bis auf ein einziges Mal«, fügte er lächelnd hinzu. »Das war, als er einen polemischen Artikel in der Zeitung *Última Hora* las, den jemand geschrieben hatte, um sich über ihn lustig zu machen. So wütend habe ich ihn nie wieder erlebt.

›Für wen hält sich dieser Kerl?‹, rief er. ›Wie kann er es wagen, mich einen eitlen Fatzke zu nennen?‹

Dann suchte er ihn in der Zeitungsredaktion auf. Er wollte ihn verprügeln, ihm die Zähne ausschlagen. Und nur weil der andere so ein kleines Bürschchen war, tat er es nicht.

›Unverschämter Rotzbengel!‹, wies ihn der Dunkle zurecht und verließ völlig außer sich die Redaktion.

Wer der junge Mann war? Ihr werdet es nicht glauben: Es war Alfredo Le Pera! Ja, genau der! Gardels späterer Freund, der die Texte all seiner großen Tangos schrieb und der an jenem Unglückstag in Medellín zusammen mit ihm starb.«

Für einige aus unserer Kaffeehausrunde war das eine Offenbarung. Zu wissen, dass Le Pera »kein reiner Tangoautor« war, wie Piazzolla sagte, sondern einer von uns, ein Intellektueller, der den Tango liebte. So wie der Dichter Juan Carlos Lamadrid, der immer wieder gerne im Café vorbeischaute, um über Konkrete Kunst und die argentinische Avantgardelyrik des *Invencionismo* zu reden, und der einer der Herausgeber der 1951 erschienenen Literaturzeitschrift *Conjugación de Buenos Aires* war. Lamadrid, Timerman und ich schätzten Le Peras Talent hoch ein. »Wir sind zeitgenössische Eklektiker«, sagte Timerman. Eines Tages – wir liefen gerade die Straße entlang – warf uns ein Freund von Lamadrid, ein orthodoxer Vertreter des *Invencionismo*, vor, wir seien »Figurative«! Er sagte das so, als würde er uns ein schlimmes Schimpfwort an den Kopf werfen.

»Ein Missverständnis der Poesie«, meinte Lamadrid lachend. »So etwas kommt vor«, fügte der Gitarrist José María Aguilar hinzu und verwies auf einen anderen Tangodichter. »Zu der Zeit«, begann er zu erzählen, »erschienen in *Última Hora* ein paar Verse, die den Titel *Por la pinta* trugen und von einem gewissen *Cele* stammten. Gardel gefielen sie.

Der Typ erzählte die immergleiche Geschichte: die von dem Mädchen aus der Mietskaserne, das sich von den Lichtern des

Zentrums und dem Champagner in den Clubs berauschen lässt. Aber er erzählte sie mit viel Witz und Hintersinn.

Gardel gab den Versen einen neuen Namen. Als er sie in einen Tango verwandelte, taufte er das Lied *Margot*. Jetzt musste er nur noch den Autor finden und ihm mitteilen, dass Razzano und er aus seinem Gedicht einen Tango gemacht hatten. Einen wirklich tollen Tango! Schließlich erschien der Verfasser des Textes im Tonstudio, das sich über dem Kino Grand Splendid befand, in der Avenida Santa Fe. Ein recht junger Typ mit gegeltem Haar. Woher sollte er all das kennen, worüber er da schrieb? Doch die Inspiration wird immer ein Geheimnis bleiben, eine Gabe Gottes. Dieser Junge war niemand anderes als Celedonio Flores, Cele. Klein, pummelig, ein leidenschaftlicher Dichter und Boxer. Gardel nahm ihn unter seine Fittiche. Ich kann mich noch gut daran erinnern, wie er einmal zu Razzano sagte, während er Cele anschaute:

›Siehst du, *che*? Zu guter Letzt haben wir einen großen Dichter in einer winzigen Hülle gefunden!‹«

»Als die Aufnahmen beendet waren«, erinnert sich Aguilar, »gingen die Musiker, der Sänger und der Dichter durch die Calle Santa Fe zur Avenida Callao. Ausgerechnet dort mussten in diesem Augenblick zwei Banden aus dem Rotlichtmilieu ihre Streitigkeiten austragen. Die eine bestand aus irgendwelchen französischen Luden, die andere aus einheimischen Stenzen, deren Chef der Ñato Rey war. In jener Nacht sollte die Wirklichkeit die Oberhand über die im Tango beschworenen Vorstadtduelle gewinnen. Die Verehrer dieser Musik standen wie erstarrt da und waren nur mehr Zeugen des Geschehens. Der Ñato Rey zückte einen Dolch und ging genau wie in den Tangos mit herausforderndem, rhythmischem Schritt auf die gegnerische Bande zu. Fast anmaßend überquerte er die Straße, in seinem Blick lag nichts als Verachtung für die Rivalen auf dem gegenüberliegenden Gehsteig. Cele sah ihn an, als sei er einem seiner Gedichte entsprungen. Razzano ahnte die

Gefahr und wollte ihn noch warnen. Und Gardel kam alles wie ein Traum vor. Der Ñato Rey schaute, welchen der Typen er sich vorknöpfen sollte. Doch dazu kam es nicht mehr. Er erreichte nicht einmal den anderen Gehweg. Die Zuhälter schossen ihn einfach nieder. Üble Zeiten ...«

Der Schwarze Ruiz erinnert sich an einen anderen Tag, an die Ereignisse im Reitstall in der Calle Olleros. Man bereitet ein *asado* vor, gegrilltes Fleisch, um den Sieg eines der Pferde von Francisco Maschio zu feiern, dem berühmtesten Pferdepfleger von Buenos Aires. Alle warten auf Gardel, der nicht fehlen darf. Schließlich kommt er mit Razzano, einem weiteren Pferdenarr, und mit dem Jockey Irineo Leguisamo, genannt der ›Krake‹. Gardel hatte sich gerade ein Pferd gekauft: *Lunático*, der Launische. Maschio soll sich um das Pferd kümmern, es fitmachen. Und Leguisamo soll es reiten. Das alles ist ein Grund zu feiern. Eine gute Grillmahlzeit und Gitarrenspiel unter Männern. »Es gibt eben Momente, wo eine Frau fehl am Platze ist«, meint einer der Einreiter. Dann kommt Gardel, und das Fest beginnt. Der Sänger stimmt ein paar Tangos für seine Freunde an. Die Angestellten mit ihren Baskenmützen und Halstüchern, die wie städtische Gauchos aussehen, hören gebannt zu. Da regt sich ein Politiker und Freund von Maschio auf: »Wen interessiert es, was dieser besoffene Knecht sagt, der aus Patagonien gekommen ist und behauptet, sie würden dort Arbeiter töten. Sing, Morocho, sing! Achte nicht weiter auf den Spielverderber.«

»Damals waren wir noch reich und haben unseren Weizen und unser Fleisch nach Großbritannien verkauft«, stellte der Tuco Frías im Kaffeehauszirkel klar. »Nach dem ganzen Chaos unter Yrigoyen regierte nun Don Marcelo T. de Alvear, ein richtiger Gentleman, obwohl er von der Radikalen Bürgerunion war. Eines Tages im Jahr 1925 besuchte Carlos Gardel ein *asado*, das der Präsident der Republik zu Ehren zweier illustrer Gäste gab: dem Prinzen von Wales und dem Maharadscha von Kapurthala. Ohne zu übertreiben, ließe sich sagen, meine Herren, dass an diesem Tag die Aristokratie und unsere republikanische Tradition ihre Hochzeit mit der Geschichte feierten: An jenem Tag, meine Herren, begleitete der Prinz von Wales Gardel auf der Ukulele.«

Freundschaften und ferne Liebe

Es war nicht das erste Mal, dass Gardel vor Vertretern der Aristokratie auftrat. Zwei Jahre zuvor hatten er und José Razzano als Mitglieder des Ensembles Rivera-De Rosas ihre erste Reise nach Europa unternommen und dort unter anderem im Teatro Apolo in Madrid gesungen. Unter den Zuhörern befanden sich die Infantin Isabel de Borbón und Königin Victoria Eugénie. Und auch die Coupletsängerin Lola, die sich fest vorgenommen hatte, Gardel in dieser Nacht zu verführen, lauschte seinem Gesang. »Ich werde nicht zulassen, dass dich eine andere Frau berührt!« Sie hielt ihr Versprechen. Noch am selben Abend entführte sie Gardel in ihre Madrider Wohnung. »Ich werde für dich kochen«, versprach sie dem Sänger. Sie kannte seine Schwäche für gutes Essen, die sie sich nun zunutze machen wollte. Er ließ es geschehen. Lola bewegte ihren üppigen Körper in die Küche, warf ihren Mantel über einen Stuhl, und mit dem Vorwand, sich auf diese Weise wohler in ihrem Reich zu fühlen, entledigte sie sich ihrer restlichen Kleidung. Der Dunkle aus dem Abasto roch die Eierspeise, die ihm Lola zubereitete, ging in die Küche und sah, wie sie Speck in kleine Würfel schnitt und Öl in eine Pfanne goss. Er trat hinter sie, und ganz beiläufig, wie aus Versehen, drückte sie ihren Hintern an sein Geschlecht. Die Berührung erregte ihn – erst recht, als sie so tat, als sträubte sie sich. Gleichzeitig kochte sie einfach weiter, als sei nichts geschehen. Sie bat ihn, sich wieder zu beruhigen, schenkte ihm ein Glas Wein ein und küsste ihn auf den Mund.

Etwas später aßen sie, während sie sich ununterbrochen streichelten, und nach dem Essen schütteten sie den restlichen Wein über ihre nackten Körper, um ihn sich gegenseitig abzulecken. Es war die Erste von vielen Nächten, die sie in Lolas Wohnung in Madrid verbringen sollten.

»Ich bin Lola damals oft in Madrid begegnet«, erzählt Guibourg, »aber kennengelernt hatte ich sie bereits in Buenos Aires, zu der Zeit, als sie dort lebte und mit Gardel zusammen war. Die beiden waren unzertrennlich. Eines Abends, sie standen gerade am Ausgang des Theaters, stellte sie Gardel dem Bühnenautor Jacinto Benavente vor. Ich war Zeuge dieser Begegnung und kann mich noch gut erinnern, wie wir anschließend ein Café besuchten. Gardel amüsierte sich pausenlos über Benaventes Einfälle, der, wie Sie wissen, ein geistreicher Mann war. Ich erinnere mich, wie sich Benavente über unseren merkwürdigen Sinn für Eleganz lustig machte, diesen seltsamen Stolz auf unsere kleinen Füße, die wir Argentinier *Salonfüße* nannten. ›Eines Tages wird sich einer eurer Gecken noch in eine Geisha verwandeln!‹, scherzte er. Dann gingen wir etwas essen, tranken ein paar Gläser und hörten zu, wie Gardel ein paar von diesen ›schmutzigen, verruchten‹ Tangos sang, die Jacinto Benavente so gern mochte.«

»Ich habe sie auch hin und wieder gesehen. Vor allem in Madrid«, erinnert sich Enrique Cadícamo. »Lola und die Drossel waren ein tolles Gespann. Übers Heiraten haben sie natürlich nie gesprochen. Nicht umsonst waren sie Künstler. Sie waren mit ihrer Kunst verheiratet.«

»Ganz genau.«

»Was ich nicht verstehe, ist, warum es immer noch irgendwelche Deppen gibt, die meinen, Gardel sei schwul oder impotent gewesen.«

»Und wenn er es gewesen wäre …? Würde das irgendetwas ändern?«, fragte Guibourg philosophisch. »Was soll ich Ihnen über das Privatleben meines Freundes erzählen? Ich bin nicht mit ihm um die Häuser gezogen so wie Pedrito Quartucci.

Aber ich habe gehört, dass die Schauspielerinnen, die mit Gardel zu tun hatten, nie an seiner Männlichkeit gezweifelt haben. ›Wer sich für dieses Thema interessiert, braucht nur mich zu fragen‹, hat Mona Maris einmal herausfordernd zu mir gesagt. ›Als Mann‹, ergänzte María Esther Gamas, ›war er ein Macho, wie er im Buche steht.‹ Jedenfalls glaube ich nicht, dass das irgendwie von Bedeutung wäre. Dagegen gibt es einen Aspekt an Gardel, dem man bisher kaum Beachtung geschenkt hat: seine intellektuelle Neugier auf Männer, die er bewunderte. Ich nenne nur zwei Namen: Luigi Pirandello und Luis Ruiseñol. Gardel hatte Pirandellos Stücke gesehen und auch gelesen, denn er verstand Italienisch und sprach es auch ganz passabel. Er hatte die Sprache nicht nur beim Singen der Canzonettas in der Kneipe El Pajarito, sondern auch im Teatro Colón gelernt, wo er sich häufig italienische Opern anhörte. Und so wie Gardel den Schriftsteller bewunderte, verehrte Pirandello seinerseits den Sänger. In Buenos Aires, im Café Tortoni, sang Gardel einmal fast die ganze Nacht für ihn, und in Europa waren sie sich später noch ein- oder zweimal über den Weg gelaufen. Wen wir ständig in Spanien sahen, war Luis Ruiseñol. Immer wieder trafen wir uns mit dem katalanischen Bühnenautor und Maler. Er hatte während der Feierlichkeiten zum hundertsten Jahrestag der Unabhängigkeit in Argentinien gelebt und unsere Angewohnheit, Kultur nur in leicht verdaulichen Dosen zu konsumieren (zwei- oder dreimal im Monat), scharf kritisiert. Genauso wie die argentinische Schrulle, bei jeder Gelegenheit die alten Griechen zu zitieren. Was er jedoch liebte, war die Kultur des Volkes, aus der der Tango geboren wurde. Wir sind oft zu seinem Haus gefahren, um mit ihm zu plaudern, seine Bilder anzuschauen und in seinen Büchern zu stöbern, und fast immer fuhren wir in einem klapprigen Wagen mit offenem Verdeck vor, den Ruiseñol selbst steuerte.«

Lola macht sich nichts vor. Sie weiß, Gardel wird nie heiraten, und sollte er es doch einmal tun, dann ein »anständiges Mädchen«, wie sie in den Tangos vorkommen. Isabel del Valle vielleicht. Lola wartet auf ihn; sie wird immer auf ihn warten, wie in einem Film, den Gardel noch nicht gedreht hat. Sie sieht ihrem Freund beim Essen zu und spielt, dass sie seine Ehefrau wäre, eine Argentinierin aus Buenos Aires, eine gewöhnliche Señora aus dem Viertel, die seine Tangos auf dem Grammophon hört. Sie sind sich nah – und doch so fern, dass sie weinen könnte. »Komm her«, sagt er und setzt sie auf seine Knie. Wie gern würde sie für immer dort bleiben, doch ihn zieht es nach Buenos Aires zurück.

Ein Argentinier in Paris

Gardel sagte immer, Buenos Aires sei seine Verlobte und Paris seine Geliebte. In Buenos Aires lebten seine Freunde, seine Mutter, seine Braut, die Jungs aus der Calle Corrientes. Die Reichen und Schönen reisten jedoch nach Paris. Wenn sie ein Schiff bestiegen, nahmen sie eine Kuh im Laderaum mit, um immer frische Milch bei sich zu haben. In Buenos Aires gab es die heimelige Atmosphäre des Matetrinkens, das Kaffeehausgespräch, die Spaziergänge durch den Abasto, die Sonntage auf der Pferderennbahn von Palermo. Aber Paris war etwas anderes. Paris war die Hauptstadt des Tangos, mindestens so sehr wie Buenos Aires. Gardel reiste nach Paris, um die französische Hauptstadt zu verführen, um von ihr geliebt zu werden. Das war 1928. Er traf dort wie ein reicher Macker ein, mit Auto und Chauffeur: einem prächtigen Graham Paige, den Antonio Sumaje, alias der Flieger, steuerte. Und Gardel hatte seine Gitarristen mitgebracht: den Schwarzen José Ricardo, Guillermo Desiderio Barbieri und José María Aguilar. »Damals, meine Herren«, erzählte Aguilar im Café, »war Paris das Zentrum der Welt. Gardel tauchte dort auf, nachdem er die Verwandten seiner Mutter in Toulouse besucht hatte. Um sich einmal blicken zu lassen, um seinen Verwandten zu zeigen, wer er war: ein berühmter Kerl, der in einem Wagen mit Chauffeur umherreiste … Nichts weniger! … Und der nach Paris fahren würde! … Gardel gefiel es, dass sie ihn so sahen: ›Damit sie glauben, dass ich reich bin und im Geld schwimme‹, sagte er an jenem Abend, in einem Restaurant, wo andere wirklich reiche Argentinier ihren Champagner schlürften und den Tangos lauschten, die ein Orchester spielte, dessen

Musiker wie Gauchos gekleidet waren, mit bunt bestickten Pluderhosen und Seidenhemden.«

Esteban Capot, mon cher ami,

da bin ich in der Stadt des Lichts, frisch eingetroffen und ohne die geringste Lust, nach Buenos Aires zurückzukehren! Als ich soeben durch die Straßen lief und die Bettler sah, musste ich an Deinen Vater denken, an die Leute, die in der Pariser Kommune ihr Leben für die Armen gelassen haben. Das ist die andere Seite dieser Stadt der leichten Mädchen. Ich habe jetzt eine kleine Freundin, eine wunderschöne Frau, der ich Tangos aus der Heimat vorsinge. Sie meint, ich sei ihr Verlobter (mon fiancé), und ich bringe ihr das Kauderwelsch der porteños bei. Dann sagt sie: »Je t'appelle Dich einen tollen Hecht«, wobei sie sich auf meine bescheidene Wenigkeit bezieht.

Ich hoffe, in Kürze meinen ersten Auftritt in Paris zu haben und, so Gott es will, mein Glück zu machen.

Herzliche Grüße an Deine Mutter, es umarmt Dich
Dein Carlos

Der Schwarze Anglada war nach Paris gekommen, um als Sänger zu triumphieren, doch das Glück war nicht auf seiner Seite, weshalb seine neue Beschäftigung darin bestand, die Damen der französischen Gesellschaft im *tango argentin* zu unterrichten. Nannte man ihn aber einen Gigolo, fühlte er sich beleidigt. »In Paris gibt es mehr als einen argentinischen Luden. Ich gehöre jedoch nicht dazu«, sagte er zu Gardel bei einem ihrer nächtlichen Streifzüge durch die Stadt. Andere waren gekommen, um in die Fußstapfen zu treten, die Ángel Villoldo und Alfredo Gobi hinterlassen hatten, die von Gath & Chaves engagiert worden waren, um hier in Europa kreolische Musik aufzunehmen – Fußstapfen, die später noch größer werden sollten durch Eduardo Arolas, der die

Nächte im Nachtclub Parisien, im Café La Niche und die Nachmittagsvorstellungen im Saal des Hermitage, wo er sein Bandoneon zwischen zwei Banjospielern erklingen ließ, mit Leben erfüllte. Paris war in jenen Tagen die Wahlheimat des Tangos. Manuel Pizarro und sein Orchester, die Nummer eins im Club El Garrón, lebten dort. Auch Francisco Canaro war hier anzutreffen, der mit seinem Orchester in verschiedenen Theatern auftrat: im Palace, im Lune Rousse, im Empire und im Apolo. Und ein junger Dichter, der die Texte von dreiundzwanzig Tangos verfassen sollte, die Carlos Gardel dann auf Platten aufnahm, ein adrett gekleideter, eleganter Mann: Enrique Cadícamo, der später einmal von Gardels Triumph in Paris erzählen würde.

In der Kaffeehausrunde erinnert sich Enrique Cadícamo an den Abend im Nachtclub Florida, als Gardel seinen ersten Auftritt hatte: »*Tout Paris* war da. An einem der Tische saß der höchste Vertreter der Gesangskunst, Maurice Chevalier, zusammen mit der Schauspielerin Gaby Morlay. Direkt neben ihnen: die schwarze Venus Josephine Baker mit einem Herrn, der im Knopfloch seines Smokings die Anstecknadel der Ehrenlegion zur Schau stellte. Auch der japanische Maler Fujita war anwesend, mit seinen in die Stirn fallenden Löckchen und seiner Schildpattbrille. Er wurde von Nicole begleitet, die alle nur Bubú de Montparnasse nannten, einem seinerzeit sehr bekannten Modell mit schmachtendem Blick und langem Hals – wie auf einem Gemälde von Modigliani, dessen Geliebte sie gewesen war, wollte man den Gerüchten Glauben schenken. An einem anderen Tisch saßen Lord Wakefield und die Baronin selbigen Namens, Tochter eines Tabakmillionärs, dem die Zigarettenmarken Chesterfield und Craven A gehörten. Daher wurde die Baronin, die einen Körper besaß, der genauso opulent wie ihre Brieftasche war, von Lästermäulern auch gern ›Madame Chesterfield‹ genannt.

Und der *Monsieur*, der in Begleitung einer jungen Dame kam, war Moro Giaffury, der berühmte Anwalt, der Landrú verteidigt hat«, erzählte Cadícamo.

»*Messieurs et dames ... Avec vous, le créateur de tous les tangos ...*«, hörte er den Conférencier sagen, und dann sah man Gardel, der in der typischen Tracht eines Gauchos auf die Bühne trat. Er stand da und zeigte sein breitestes Lächeln, so als wollte er die ganze Welt herausfordern.

Für einen Augenblick blieb die Zeit auf dem schmalen Grat stehen, der Triumph und Scheitern trennt. Es dauerte nur eine winzige Sekunde, nicht mehr. Der Sänger spürte, dass er ganz allein war, dass er nur auf sich selbst und seine Stimme zählen konnte.

»Wenn man ein Lied singt und Applaus bekommt, mag das Publikum einen. Singt man ein zweites, und die Leute fordern noch eins, hat man triumphiert«, dachte Gardel.

Er sang ein Lied, ein zweites und dann noch eins.

Und der Applaus wollte nicht enden.

Gaby Morlay bat, den Sänger kennenzulernen, und Maurice Chevalier ließ sich seine Eifersucht nicht anmerken und begrüßte gemeinsam mit ihr den Argentinier. Die Baronin Sadie Wakefield alias Madame Chesterfield war es, die ihn einlud, sich an ihren Tisch zu setzen. »Ich sterbe für den Tango«, sagte sie voller Pathos, während sie ihre Hand über die des Sängers gleiten ließ. Dann wollte sie mit ihm anstoßen. Sofort holte der Kellner eine Flasche *Lanson brut* aus dem Kühlfach. »Verlassen Sie uns nicht«, flehte sie mit gespielter Bescheidenheit. Gardel fürchtete schon, die Männer am Tisch zu beleidigen, denn sie schien alle um ihn herum vergessen zu haben.

»Versprechen Sie mir, dass wir uns wiedersehen ...«

»Ich verspreche es Ihnen, meine Dame. Es wird mir ein Vergnügen sein«, antwortete ihr der Triumphator des Abends.

Anglada riet ihm, vorsichtig zu sein, denn sie als Argentinier hätten in Paris den Ruf, allesamt Zuhälter zu sein. »Das sagen ausgerechnet die Franzosen, Carlitos! Die Weltmeister im Mädchenhandel! Die ihre *lorettes* in Marseille verladen und in Buenos Aires wieder ausgeschifft haben! Zum Totlachen! Aber hast du gesehen, was hier für Leute ein und aus gehen? Gerüchte verbreiten sich wie Lauffeuer, und mehr als ein Trottel wird behaupten, dass du was mit der Baronin hättest, dass du der Stenz von Madame Chesterfield wärst …« Ohne mit der Wimper zu zucken, hörte Gardel ihm zu, dann erklärte er, dass er nichts unternehmen werde, um solche Gerüchte zu widerlegen. »Nichts, verstehst du? Denn diesen Schwachköpfen muss ich überhaupt nichts erklären.« Und er fügte hinzu, dass er bereits einige Landsleute kennengelernt habe, die sich einem solchen Leben verschrieben hätten. »Vor kurzem war da einer«, scherzte er, »dessen zwei *Pferdchen* an Grippe erkrankt waren. Er bat mich um ein paar Pesos, um Medikamente kaufen zu können.«

»Und hast du sie ihm gegeben?«

»Aber klar doch! Heißt es nicht, ich sei ein Zuhälter? Dann zeige ich mich eben solidarisch mit der Zunft …«

»Lass die Witze, Carlitos! Die Menschen sind gemein und geschwätzig, wie es in einem Tango heißt.«

Gardel fand die Besorgnis seines Freundes amüsant. Er beruhigte ihn und versicherte, Madame Chesterfield und er seien nur gut befreundet. Als Anglada ging, stieß er beinahe mit Bubú de Montparnasse zusammen, Fujitas Modell und Modiglianis Geliebter.

»Ich weiß nicht, wer der Idiot war, der mir den Namen Bubú de Montparnasse verpasst hat, ich kann mich nicht mehr erinnern. In meinem Pass steht, dass ich Nicole Verrier heiße und in Toulouse geboren wurde. Deshalb hat sich der Argentinier für mich interessiert.« »Nicht nur deshalb, meine Kleine«, verteidigt sich dieser. Auch er wurde in Toulouse geboren, erzählt er mir, bevor er mich zum Bett führt, mir ins Ohr haucht und meinen Hals küsst, den schon Modigliani gemalt hat. Ich kann ihm nicht sagen, dass ich nicht Nicole Verrier bin und es nicht ertrage, Bubú de Montparnasse genannt zu werden, wie diese Nutte, von der die alten Künstler voller Bewunderung sprechen. Ich kann und darf dem Argentinier (und auch den anderen Männern, die ich in Paris besuche) nicht gestehen, dass mein wahrer Name Natalia Zinojewa lautet und dass ich für den Geheimdienst meines Landes und den der Genossen von der Internationalen arbeite. Ich weiß nicht, was geschähe, sollte ich dem Argentinier davon erzählen. Vielleicht würde er vor Schreck sterben. Obwohl, wer weiß? Ihn scheint so schnell nichts zu erschrecken. Gestern kam Philippe vorbei, mein Exfreund, um mich mit seinen Vorwürfen zu nerven. Carlos befand sich gerade in der Kleiderkammer, wo er sich anzog, um auszugehen. Mitten während des Streits mit Philippe tauchte er auf, mit diesem Gigololächeln, das ich so an ihm mag.

»Hör mal zu, mein Freund, du machst mir meine Soiree nicht kaputt«, sagte er zu Philippe auf ›Argentinisch‹ und Französisch, dem er noch ein paar Brocken aus dem Argot der Pariser Unterwelt beimischte. »Ich gebe dir den guten Rat, zu verduften. Ohne einen Mucks, Alter. Ganz unauffällig.«

Und ohne dass er auch nur einen Moment aufgehört hätte zu lächeln, schubste er Philippe zur Tür.

Zusammen mit Nicole oder Bubú de Montparnasse besuchte Gardel regelmäßig die Ateliers der in Paris lebenden argentinischen Maler und Bildhauer. Er wusste wenig von dieser Frau, die in Russland geboren worden war, genau wie Gala, Dalís Muse. Er war ziemlich überrascht, als sie von der Sûreté, der französischen Polizei, verhaftet wurde, die ihr vorwarf, eine Bolschewikin zu sein. Im selben Moment, als man ihm von ihrer geheimen Tätigkeit erzählte, erfuhr Gardel auch den richtigen Namen seiner Freundin. Seit jenem Tag versuchte er ihr zu helfen und traf sich sogar mit Minister Herriot, einem großen Bewunderer Gardels. Schließlich erreichte er, dass sie unter Beobachtung freigelassen wurde. Es gab keine Beweise, nur Vermutungen. Nicole oder Bubú de Montparnasse oder Natalia Zinojewa war nur eine von vielen Verdächtigen, die es damals, zwischen den Kriegen, im nächtlichen Paris gab.

»Ich habe sie gekannt«, erinnert sich Enrique Cadícamo im Café. »Sie war eine sehr schöne, unnahbare Frau, ähnlich wie Greta Garbo. Ich habe sie wenige Tage nach Gardels Tod getroffen. ›Die Götter sterben jung‹, sagte sie zu mir mit diesem Akzent einer Ausländerin, einer Frau, die in der Welt umherirrte. Auch sie ist jung gestorben. In Spanien, wo sie im Bürgerkrieg gekämpft hat. Aber das ist eine andere Geschichte.«

Nicole oder Bubú de Montparnasse oder Natalia Zinojewa mochte keine Tangos, sie liebte kreolische Volkslieder wie *El carretero*, das sie zu Tränen rührte. Einmal, als Gardel mit ihr zusammen war, entdeckte der Sänger wenige Schritte hinter ihnen einen Agenten, der ihnen durch die Straßen von Paris folgte. »Ich will dich nicht in Gefahr bringen, Charles. Ich werde für einige Zeit verschwinden«, teilte sie ihm mit. Wundersamerweise pfiff genau in diesem Moment irgendjemand *El carretero*, das Lied, das Gardel in Paris bekannt gemacht hatte. Sie küssten sich wie beim Happy End eines Films, mit dem Gefühl, einen einzigartigen Moment zu teilen, in dem selbst das Unglück Lust bereitet.

Am folgenden Tag brach Carlos Gardel gemeinsam mit dem Musiker Julio De Caro nach Nizza auf. Überall, im Casino, an den Badeorten der Riviera, in den Sommerhäusern und Hotels der Côte d'Azur, sahen sie echte und falsche Millionäre, wunderschöne Frauen wie Prousts Albertine und Amerikanerinnen, die mit Glücksrittern, die ihr Haar wie Rodolfo Valentino herausgeputzt hatten, Charleston tanzten. Gardel sang für sie alle. Er gefiel den Frauen. Unter ihnen befand sich auch die Baronin von Wakefield, die der Schwarze José Ricardo weiterhin ›Madame Chesterfield‹ nannte. Als sie Gardel ein silbernes Zigarettenetui mit seinen in Gold eingravierten Initialen schenkte, bemerkte José Ricardo:

»Land der reichen und leichten Frauen!«

»Ich mag deine Witze nicht«, antwortete ihm Gardel. »Dir fehlt es an Respekt für diese Dame …«

»Und dir für die Leute, mit denen du arbeitest«, erwiderte der Musiker. »Wer kommt schon auf die Idee, seine Gitarristen Besen zu nennen? Nur du, du allein! Ich bin kein Besen, von niemandem! Hast du mich verstanden, *che*?«

»Komm schon, was ist los mit dir, Schwarzer? Was hat dich gestochen?«, hörte man Gardel sagen.

»Wie schade«, bemerkte José María Aguilar in der Kaffeehausrunde. »Denn damit begann die Trennung von José Ricardo. Wirklich jammerschade, denn der Schwarze war ein richtiger Virtuose, ohne dass ich hier jemandem zu nahe treten will. Kurz und gut, die Sache lief so, dass José Ricardo in Europa blieb und Gardel nach Buenos Aires zurückkehrte. Sie sollten sich nie wiedersehen.«

Wieder zu Hause

Als er zurück in Buenos Aires ist, zieht Gardel in das Haus in der Calle Jean Jaurès 735, das er seiner Mutter gekauft hat. Dort kommt er zur Ruhe, liest Zeitung und trinkt Mate. Dort kann er sich vormachen, glücklich zu sein, auch wenn er an diesem Morgen des 30. Juni 1929 gerade einen Kommentar in *La Prensa* gelesen hat, in dem es heißt: »Das Haus in der Calle Jean Jaurès ist niedrig, baufällig und mit wenig Sorgfalt instand gesetzt, was möglicherweise auf das mit ständigen Reisen verbundene Leben des Künstlers zurückzuführen ist. Es verfügt über eine Vorhalle, die einem Patio gleicht, groß, geräumig, kühl, mit drei Gitarren, zwei Truhen, einem Grammophon und einem Paar sehr hoher Stiefel, vielleicht um in Europa einen kreolischeren Eindruck zu erwecken ...« Gardel legt die Zeitung beiseite, ignoriert den ironischen Ton des Journalisten, trinkt einen weiteren Mate und beginnt mit der Probe seines Repertoires. Er singt mehrere Stunden. In diesem Monat wird er dreißig Tangos aufnehmen. Während er probt, legt er Wert auf die Bedeutung eines jeden Wortes. Plötzlich stolpert er über einen poetischen Erguss, eine Wendung, die ihm zu gesucht vorkommt. Sofort hält er inne, liest die Worte des Textdichters noch einmal und ändert sie schließlich.

»Einfach so«, sagt Anselmo Aieta, Bandoneonspieler und Spanischdozent an einer Abendschule. Über einen langen Zeitraum hat der dünne Aieta die linguistischen Kunstgriffe und Variationen des Sängers studiert. »Er beging Verrat an der Sprache, um ihr treu zu sein«, versichert Aieta nachdrücklich und nicht ohne eine gewisse Eitelkeit. Der Professor, wie ihn die Kellner im Café nennen, doziert über Gardel und gibt sein umfassendes Tangowissen in einem etwas schulmeisterlichen, dem Tuco Frías missfallenden Ton zum Besten. »Er wagt es, Gardel zu kritisieren!«, ruft Frías empört. Doch Aieta lässt sich nicht aus der Ruhe bringen. »Gardel«, erklärt er, »hat die Umgangssprache in Schriftsprache übertragen, er hat die Texte von der zu seiner Zeit üblichen Rhetorik befreit, von dieser ›vornehmen‹ Art des Sprechens, die man damals für ein Merkmal kultureller Bildung hielt. Schauen Sie mich nicht so an, mein lieber Frías, ich rede nicht über Sie! Ich versuche nur, eine Erklärung für die Korrekturen zu finden, die Gardel an den Tangotexten vorgenommen hat. Es war nicht einfach nur eine Laune, meine Herren! Auch nicht der Wunsch, sich hervorzutun. Es war etwas viel Tieferes, wenn Sie mir diesen etwas abgedroschenen Ausdruck gestatten. Es war eine Suche nach dem Sinn, nach dem, was die Wörter transportieren, wenn sie eine reale Welt widerspiegeln oder sie neu erfinden. Ich gebe Ihnen ein Beispiel: Am Tango *La Gayola*, der, wenn ich mich nicht irre, aus dem Jahr 1927 stammt, nahm Gardel beträchtliche Änderungen vor. Passen Sie auf: Anstelle von *und mich in deinen Augen betrachten*, schrieb er *und mich in deinen Augen belauern* … Wo *Eines Nachts kam der Tod, der meine Seele in Trauer hüllte* stand, korrigierte Gardel: *Eines Nachts hüllte der knochige Tod meine Seele in Trauer* … Und so weiter. Schauen Sie mich nicht so böse an, mein Freund Frías! Ich will Ihnen die Sprache nicht madig machen. Genauso wenig wie Gardel das tat. Glauben Sie mir, mit seinen Änderungen und Einfällen hat er ihr mehr Ausdruckskraft verliehen. Beachten Sie diesen feinen Unterschied: *Mein gutes Mütterchen hatte Gott an seine Seite gerufen*, hatte der Liedtexter geschrieben – und Gardel verbessert: *Mein geliebtes Mütterchen ging von mir, um bei Gott zu leben.*«

Anselmo Aieta schaut auf die Uhr. »Es ist spät geworden, meine Herren. Ich fahre beim nächsten Mal fort.« Der Pro fessor muss zur Abendschule und seinen Spanischunterricht geben. Danach wird er in den Nachtclub gehen, wo er im Orchester von Dionisio Valenti Bandoneon spielt.

Zwischen 1929 und 1930 ist Gardels Repertoire bunt gemischt: Tangos, Zambas, Valses, Triunfos, Chacareras, Rancheras, Lieder auf Italienisch und Französisch. Eines Nachts singt er bei einem Festival, dessen Einnahmen den Verwandten eines Jockeys zugutekommen. Außer ihm treten Josephine Baker, Libertad Lamarque, Ignacio Corsini und das Trio Gedeón auf. An einem anderen Tag sieht man ihn, die Gitarre in der Hand, gemeinsam mit der argentinischen Fußballnationalmannschaft. Gardel singt zwischen den Vorstellungen im Kino Gran Florida, wo gerade ein Film mit Al Jolson gezeigt wird. Manchmal tritt er an der Seite von César Ratti und Luis Arata im Theater auf, und so wie zu Beginn seiner Karriere tourt er auch jetzt durch unzählige Städte und Dörfer im Inland.

»Ausverkauft!«, schreit José Razzano, während der Zug in die weite Ebene vordringt. Mittlerweile begleitet er Gardel nicht mehr als Sänger, sondern als Manager und Agent. Der Mann, der einst in Balvanera Sur und Montserrat auftrat und die eine Hälfte des aus dem Dunklen und dem Uruguayer bestehenden Duos bildete, ist ein anderer geworden. Er hat das Singen aufgegeben, seine kreolische Tenorstimme erklingt nicht länger an der Seite von Gardels Bariton. Das ist nun vorbei. Das war früher. Pik-Ass und Kreuz-Ass. Jetzt gibt es sie nicht mehr; Razzano hat sich zurückgezogen, und seine Stimme ist nur noch ein fernes Echo. Er beklagt sich nicht. Er bleibt bei seinem Freund, in einer anderen Funktion, betraut mit bescheideneren, prosaischeren Aufgaben. Den geschäftlichen etwa. Er ist kein Verlierer: Er hat einfach nur Pech gehabt. Weiter nichts.

Als Paul Lasserre im Hafen von Buenos Aires eintrifft, unternimmt Gardel gerade eine Tournee durch die Provinz. Am nächsten Tag steht der Franzose vor Bertha Gardès' Haus. Sie braucht lange, bis sie ihn erkennt, schließlich verstreicht die Zeit nicht einfach so, und dieser ängstliche, schwächlich aussehende Mann scheint nicht derselbe zu sein, dem sie einst in Toulouse begegnet war. Doch es ist Paul Lasserre, zweifellos. Sie bittet ihn herein, und er folgt ihr in den Patio, in dem zwei Korbsessel und ein Tisch stehen. Der Mann setzt sich in einen der Sessel, legt seinen Hut auf den Schoß, und während er ihn etwas unbeholfen in seinen Händen dreht, murmelt er:

»Ich wusste nicht, ob du mich sehen willst …«

Sein Blick wandert über die Fliesen des Patios. Ihm fällt es schwer, Bertha anzusehen. Sie ist alt geworden, genau wie er.

»Du fragst dich bestimmt, was ich hier mache«, fährt er fort. »Ich weiß es selbst nicht so genau. Es stimmt, ich habe dich verlassen, als du mich am meisten brauchtest …«

»Das ist vorbei, Paul. Eine alte Geschichte. Ich habe sie längst vergessen!«

»Ich nicht. All die Jahre habe ich mit der Schuld gelebt, meinen Sohn nicht zu kennen.«

»Er ist nicht *dein* Sohn, Paul. Er ist der Sohn einer einzigen Nacht. Einer wirklich wunderschönen Nacht, in der sich zwei verrückte junge Leute begegnet sind. Aber er ist nicht *dein* Sohn. Ein Sohn ist etwas anderes.«

»Ich bin hier, um alles wiedergutzumachen.« Paul Lasserre nahm eine feierliche, fast theatralische Haltung ein. »Ich möchte, dass wir heiraten, Bertha.«

Da lachte sie schallend. Es war ein beleidigendes, erniedrigendes Lachen. Doch Bertha konnte einfach nicht aufhören. Sie dachte daran, dass sie diese Szene vor vielen Jahren gerührt hätte, damals, als sie ein junges Mädchen und es Sommer in Toulouse war und er ein stürmischer junger Mann, der sie mit seinen Blicken auszog. Das Einzige, was sie vorbringen konnte, war:

»Du bist zu spät gekommen, Paul, viel zu spät.«

Der Mann gab sich nicht geschlagen und fragte, ob Gardel von seiner Existenz wisse. Sie bejahte. Sie habe ihrem Sohn nie die Wahrheit verborgen, doch er wolle ihn nicht kennenlernen. Und was den Heiratsantrag angehe, müsse sie ihn leider ablehnen. Eine so späte Wiedergutmachung, wie sie der Herr Lasserre da leisten wollte – sei es aus einem alten Schuldgefühl heraus oder weil er glaubte, aus dem Ruhm seines Sohnes Nutzen ziehen zu können –, akzeptierte sie nicht. Doch sie wollte ihn nicht beleidigen, ihm auch keine Vorwürfe machen.

Paul Lasserre war aus geschäftlichen Gründen nach Buenos Aires gereist und würde eine Woche später nach Frankreich zurückkehren.

»Das heißt, ich werde meinen Sohn nicht zu Gesicht bekommen?«, fragte er im Hof, in den die ersten Wolken eines heraufziehenden Sommergewitters ihre düsteren Schatten warfen. Ohne eine Antwort abzuwarten, stand er auf. Die Frau wies ihm den Ausgang. Erst als Lasserre gegangen war, brach sie in Tränen aus.

Oberst Escayola spürt, dass ihm das Leben entweicht und er an diesem endlosen Nachmittag sterben wird. Erneut untersucht ihn der Arzt, betastet seinen geschwollenen Unterleib und betrachtet sein schlaffes, jämmerliches Geschlecht, das Glied dieses uruguayischen Oberst, der so viele Frauen in seinem Leben befriedigt hat – oder auch nicht, bestieg er sie doch wie ein Deckhengst seine Stuten. Er weiß es nicht mehr. »Das ist so lange her, ich kann mich nicht mehr erinnern, verdammte Scheiße!« Er sieht den wie ein Hund im Zimmer hockenden Mann aus Tacuarembó an. »Hör zu, *che*, fahr rüber ans andere Ufer und finde den, der mein Sohn ist oder es sein könnte. Ich sterbe, verdammt. So darf ein Mann nicht enden.«

Die Ballade vom Sänger und dem Banditen

Gardel saß im ungepflasterten Hof einer Kneipe, in dem gerade ein paar Männer ein Wurfspiel veranstalteten. Da tauchte der Bandit Juan Bautista Vairoleto auf und fragte nach dem Sänger. Weil sie befürchteten, es würde Ärger geben, machten sich die anderen Gäste so schnell wie möglich aus dem Staub. Wie in einem Gaucholied standen sich die beiden Männer von Angesicht zu Angesicht gegenüber. »Ich kenne Sie seit langem, mein Herr, seit 1919, dem Jahr, als mein Leben zerstört wurde. Ich habe Sie singen gehört, im Filmtheater Colón. Und ich habe Sie in einem Film gesehen, in dem Sie als kleiner Matrose verkleidet waren. Verzeihen Sie, dass ich lache. Sie müssen nicht gleich beleidigt sein, mein Herr, ich bitte Sie. Erlauben Sie, dass ich mich vorstelle: Ich bin Juan Bautista Vairoleto, genannt der ›Bandit‹. Wie ich bereits sagte, im Jahr 1919 ging es bergab mit mir. Davor war ich ein friedliebender Mann, ich schwöre es. Ich wäre gerne ein Sänger geworden, so wie Sie. Ich weiß nicht, ob Sie sich an Dora erinnern. Nein, Sie können sich bestimmt nicht an sie erinnern. Sie sind ein Mann, der viele Frauen hatte. Dora hat im Nachtclub gearbeitet, und wir wollten heiraten. Als sie Sie einmal singen hörte, hat sie für einen Augenblick alles um sich herum vergessen. Das hat sie gesagt. Eine gute Frau, die Dora. Nur schade, dass so ein verdammter Soldat auftauchen musste, der Turco Farache, und es auf Dora abgesehen hatte. Deshalb wollte er mich auch verhaften. Er hat mir irgendeine Straftat vorgeworfen, die ich nicht begangen hatte, und begann, mich mit seiner Reitgerte zu schlagen. Das hätte er besser nicht getan. Ich hab ihm eine Kugel in die Birne gejagt. Seitdem habe ich immer meine Winchester, meinen Colt und die Smith & Wesson dabei, man weiß ja nie. Man sagt, ich sei ein Dieb, ein Straßenräuber und Anarchist. Wird schon stimmen, ich bestreite das gar nicht. Aber ich habe noch nie einen Armen ausgeraubt. Und ich erzähle auch keine Lügengeschichten. Aber ich habe mitbekommen, dass hier irgend so ein Strolch herumläuft und Sie sucht. Ich will nicht, dass Ihnen irgendetwas zustößt, Sänger. Ich stehe zu Ihren Diensten, glauben Sie mir. Auch wegen Dora, wo ihr Ihre Lieder doch so gut gefallen haben.« So sprach der Bandit Juan Bautista Vairoleto. Gardel bedankte sich für das Angebot, versicherte jedoch, keine Angst zu haben, auch er sei für alle Fälle gut bewaffnet und werde seine Tour durch die Provinz fortsetzen.

Eine Woche später fand die Begegnung zwischen Gardel und dem Mann aus Tacuarembó statt. Mittlerweile gibt es keine Zeugen mehr, und Razzano, der dabei war, hat das Ereignis aus seinem Gedächtnis gestrichen. Es ereignete sich zu Beginn der dreißiger Jahre, in einer Kneipe oder einem Laden mit Ausschank auf dem Land, wo der Mann aus Tacuarembó ein paar Tage zuvor eingetroffen war. Er erzählte, dass er auf seinen Freund warte. Andere behaupten, er habe nicht *sein Freund*, sondern *sein Los* gesagt, was wahrscheinlicher klingt. Als Gardel und Razzano die Kneipe betraten, saß der Mann an einem der Tische im hinteren Teil des Raumes und legte eine Patience. Seine Gitarre stand neben ihm.

»Ich wusste, dass Sie kommen würden. Ich habe Sie erwartet«, sagte er mit tiefer Stimme und finsterem Blick.

»Wenn Sie es sagen«, antwortete Gardel in dem Moment, als der andere die Gitarre in die Hand nahm und zu singen begann:

Die Zeit ist verschwunden,
niemand weiß wohin.

Wie das Wasser des Vergessens,
das kommt und geht.

Erschrecken Sie nicht,
doch ich wollte Sie treffen,
im Auftrag eines Caudillos,
der in Uruguay lebt.

»Nichts erschreckt mich, Señor«, entgegnete Gardel.

Ich sagte es, ich bin Ihr Freund,
und das ist die Wahrheit:
Manch einer nennt mich das Schicksal,
manch anderer die Bosheit.

Schließlich sang er:

Die Ähnlichkeit ist groß,
zwischen Ihnen und dem anderen.
Für mich sind Sie der Sohn
des uruguayischen Caudillo.

Er lässt Ihnen bestellen,
so es Ihnen beliebt,
Sie seinen Namen haben können,
der so berühmt im Osten ist.

Das Angebot traf Gardel wie Speichel ins Gesicht.
»Er nennt mich einen Bastard, er nennt mich einen Scheiß-
kerl«, dachte er.
»Bastard«, sagte er.
»Darüber wollte ich gerade sprechen«, erklärte der Mann
aus Tacuarembó.

Die Frau, die nicht heiratet,
ist wie eine werfende Katze;
niemand, der ihr beisteht,
allein leckt sie die Wunden.

Wie ein streunendes Tier,
das seinen Bau verlässt
und Kinder in die Welt setzt,
weil sie eine Verlorene ist.

Gardel riss ihm die Gitarre aus der Hand. Es waren genug Worte gefallen. Die zwei gingen auf die von einem blutroten Mond beschienene Brache hinaus. Ein Schuss ertönte, und der Mann aus Tacuarembó dachte, dass es Geschichten gibt, die man besser vergisst. Einen Augenblick später war er bereits Vergangenheit.

Eine Nacht im Komitee

Ein Mann des Caudillo Barceló riet ihm, die Angelegenheit zu vergessen, für so etwas sei der Doktor zuständig, er würde sich schon um seine Leute kümmern. Es war im September 1930, als die Unruhen ausbrachen und Gardel diesen Tango sang, an den man sich besser nicht erinnert: *Viva la Patria*. Im Café der Traversos wiederholte der Gesandte von Alberto Barceló, dass der Caudillo aus Avellaneda zu seiner Verfügung stehe und dass er immer auf ihn zählen könne, egal worum es sich handele. Er erwarte ihn an einem dieser Tage in Avellaneda, wo er ein Grillfest veranstalte.

»Ich werde da sein«, versprach Gardel und dankte ihm.

»Gardel hätte diesen Tango nicht singen müssen, er hatte es nicht nötig, sich auf so etwas einzulassen«, äußert sich Domingo Ruiz im Café. An jenem tragischen 6. September 1930 hatte der Schwarze einen erbitterten Streit mit Gardel. Er war Anhänger Yrigoyens, und als er hörte, wie die Drossel die arroganten Politiker und Militärs lobte, die für den Putsch verantwortlich waren, wurde er fast wahnsinnig. »Ich weiß nicht, warum er das tat. Wofür? Es gab keinen Grund, sich mit der Regierung gutzustellen, besser gesagt: mit denen, die sich gegen die Regierung aufgelehnt hatten.« Ruiz ist noch immer empört und schnaubt vor Wut. »Eine Schwalbe macht noch keinen Sommer«, meint ein anderer, und um Gardel zu verteidigen, erinnert er an die Verse des Tangos *Acquaforte* und wie der Dunkle aus dem Abasto sie voller Emotion, Wut und der Entrüstung der Gerechten zum Besten gab.

»Nichts als Demagogie!«, bemerkt der Tuco Frías, dessen Vater ein Funktionär General Uriburus war, dem Anführer des Aufstands von 1930.

»Demagogie? Demagogie?«, unterbricht ihn der Schwarze Ruiz. »Man sieht, dass Sie in einer goldenen Wiege geboren wurden und niemals Hunger leiden mussten!«

In versöhnlichem Ton versucht Edmundo Guibourg die Gemüter zu besänftigen. Er erzählt von einem Spaziergang mit Gardel. Als sie an einer Brachfläche vorbeikamen und sahen, wie einige Leute den Müll nach Verwertbarem durch-wühlten, meinte Gardel: »Armut ist etwas Erniedrigendes.« Zu jener Zeit hatte Guibourg gerade seine Arbeit als Journa-list bei der sozialistischen Tageszeitung *La Vanguardia* auf-genommen, deren Ideale er teilte. »Damals musste man sich auch noch nicht so festlegen wie heute«, sagt Guibourg und erinnert daran, dass er auch für die Zeitung *Crítica* gearbeitet habe, die den Staatsstreich von Uriburu unterstützte.

»Ich bitte Sie!«, verliert der Tuco Frías die Geduld. »Jetzt müssen Sie mir nur noch weismachen, dass Gardel Kommu-nist war!«

An jenem Abend feierte man in Alberto Barcelós Komitee in Avellaneda den Triumph des Militärputsches. Unter den Gästen befand sich auch eine Gruppe von jungen Offizieren, zu denen ein Mann zählte, der ein paar Jahre später große Berühmtheit erlangen sollte: Juan Domingo Perón. Er war ein großer Verehrer Gardels und seiner Tangos, die das Le-ben der einfachen Menschen besangen. Sein Lächeln glich dem von Gardel, als wären sie miteinander verwandt. In jener Nacht plauderten der Sänger und der Offizier wie zwei alte Freunde. Barceló unterhielt sich mit seinen Anhängern und hörte den Gitarristen zu, die während der Feier für Unterhal-tung sorgten. Im erdigen Hof wurden die an Stangen befes-tigten Rinder langsam goldbraun. Dann wurden Vorspeisenteller mit verschiedenen Fleisch- und Wurststücken gereicht, und während man über Politik tratschte, floss der Wein in Strömen. Irgendwann bat der Caudillo den Tangosänger, sein Lieblingslied *Aurora* zu singen. Es war ein Liebeslied, ein Lied, das Barceló sein Unbehagen an der Welt vergessen ließ. Liebeskummer, wer hatte so etwas nicht? Für den Caudillo, diesen Hirten einer Herde grober, sich am liebsten mit Revolvern und Spielkarten beschäftigender Männer, war diese Form von Leid fast so etwas wie eine Zerstreuung und die romantischen Verse ein Trost. Nach dem Lied wandte sich Gardel der Gruppe von Offizieren zu, unter denen sich Perón befand.

»Was würden die Herren gerne hören?«, fragte er.

Da bat ihn Perón, das Volkslied *Dónde hay un mango?* zu singen. Doch er wartete vergeblich, sein Wunsch wurde nicht erhört. Gardel teilte ihm mit, dass er dieses Lied leider nicht singen könne.

»Ich fürchte, es würde den Gastgeber beleidigen«, erklärte er mit gesenkter Stimme.

Jahre später, als man Perón vorwarf, zu rücksichtsvoll zu sein, erinnerte er sich an jenen Abend und erklärte:

»Hat nicht jeder schon einmal im Leben den Schwanz eingezogen? Selbst Gardel, liebe Leute! Und jetzt lasst mich in Ruhe.«

Wie im Leben so im Kino

Seine Mutter erzählte ihm, dass Paul Lasserre bei ihnen zu Hause gewesen war und ihr einen Heiratsantrag gemacht hatte. »Er wollte dich kennenlernen, *mon cher*«, sagte Doña Bertha, während sie die Wäsche sortierte. Er betrachtete ihre vom Alter gezeichneten, aber noch immer geschickten Hände und dachte, dass sie irgendeine Belohnung verdient habe für all das, was sie in ihrem Leben geleistet hatte. Doña Bertha sprach weiter, und ohne es zu merken, mischte sie Spanisch und Französisch. In diesem Moment begriff ihr Sohn, dass sie immer eine Fremde bleiben würde, die Auswanderin aus Toulouse. »Das ist einfach nicht gerecht«, dachte er. »In all diesen Jahren ist sie nicht einmal in ihr Heimatland zurückgekehrt.«

»Wir werden gemeinsam nach Toulouse fahren«, versprach er ihr.

An den folgenden Nachmittagen sprachen Mutter und Sohn immer wieder über diese Möglichkeit, während sie gemütlich in ihrem Patio saßen und Gardel bei einem Mate die Angebote für eine Rückkehr nach Europa prüfte.

»Weißt du was, Morocho? Wir könnten Tonfilme drehen, wie die Amerikaner ... Sogar bessere! ... Worüber lachst du, *che*? ... Für mich hat der Tonfilm nichts Geheimnisvolles an sich«, sagte Eduardo Morera an jenem Tag im Jahr 1931 zu Gardel. Morera war ein ehemaliger Schauspieler, der vor allem als Galan in Liebesfilmen mitgewirkt hatte und nun als Regisseur arbeitete. Ein sehr kreativer Mann, der versuchte, die Etappe des Stummfilmkinos zu überwinden und, wie in den USA, eine bessere Übereinstimmung von Ton (den Dialogen, der Musik) und den auf der Leinwand laufenden Bildern zu erreichen.

»Wenn du es sagst, wird es schon stimmen«, gestand ihm Gardel zu.

»Ich brauche deine Hilfe, Morocho.«

»Sag schon …«

»Ich möchte deine besten Tangos verfilmen.«

»In Ordnung, Eduardo. Man muss sich blamieren können, wenn man Großes erschaffen will«, sprach der Sänger und erinnerte sich an sein Kinodebüt. Doch Morera hatte ihn überzeugt – oder er konnte die Bitte des Cineasten nur einfach nicht ausschlagen. Tatsächlich sollte Gardel in den Filmen nicht bloß singen, sondern auch als Schauspieler auftreten, wobei er kleine Sketche aufführte, die die Handlung kommentierten und die Aussagen der Lieder erläuterten. Die Dreharbeiten fanden in den bescheidenen Studios von Federico Valle statt, in einem Schuppen in der Calle México, zwischen den Straßen Tacuarí und Piedras. Antonio Merayo kümmerte sich um die Aufnahmen der Kurzfilme, Ricardo Raffo und Roberto Schmidt um den Ton. Sie verfilmten die Tangos *Sehnsüchte, Maulheld, Der Fuhrmann, Steck die Mandoline in den Kasten, Mittelloser Geck, Herbstrosen, Ich habe Angst, Alter Smoking* und *Ständig auf dem Strich*. In *Der Fuhrmann* führen Arturo de Nava, der Autor des Liedes, und Gardel einen Dialog. In *Steck die Mandoline in den Kasten* unterhält sich Gardel mit Celedonio Flores. In *Herbstrosen* mit Francisco Canaro. Und in *Ständig auf dem Strich* redet er mit Enrique Santos Discépolo:

Gardel: »Sag mal, Enrique … Was wolltest du mit *Ständig auf dem Strich* ausdrücken?«

Discépolo: »Mit *Ständig auf dem Strich*?«

Gardel: »Ja, genau.«

Discépolo: »Es ist ein Lied über Einsamkeit und Verzweiflung …«

Gardel: »Mensch! So habe ich es auch verstanden.«

Discépolo: »Deshalb singst du es auch so unglaublich gut.«

Gardel: »Die Hauptperson ist doch ein rechtschaffener Mann, oder?«

Discépolo: »Ja, es ist ein Mann, der vierzig Jahre lang mit der schönen Hoffnung der Brüderlichkeit gelebt hat. Und dann, eines Tages, begreift er mit einem Mal, dass die Menschen wilde Tiere sind.«

Gardel: »Und sagt bittere Dinge!«

Discépolo: »Du kannst nicht verlangen, dass ein Mann, der vierzig Jahre gebraucht hat, um das Leben zu begreifen, lustige Sachen sagt …«

(An dieser Stelle zielt Gardel mit der Hand auf seinen Freund, wie mit einer Pistole, und sagt im Scherz: »Peng!« Gitarren setzen ein, während Gardel beginnt, *Ständig auf dem Strich* zu singen.)

»Weil wir einsam sind«, dachte Gardel. »Einsam wie Hunde im Angesicht des Todes. Aber wir müssen wissen, wer wir sind und was wir auf dieser Welt sollen. Ich weiß, dass der Mann aus Tacuarembó gelogen hat, dass er mich in den Dreck ziehen wollte. Doch es ist ihm nicht gelungen.«

Nachdem er das Filmstudio in der Calle México verlassen hat, läuft er durch die Calle Piedras bis zur Calle Corrientes, wo er seine Freunde trifft. Ein paar von ihnen sitzen im Los Inmortales, andere im Café Tortoni. In der Corrientes kauft er sich die neuste Ausgabe der *Crítica*. Er liest einen Verriss über sich, den der *Gemeine Muñoz*, alias Carlos de la Púa, verfasst hat.

Es ist der Abend des 15. September 1931.

Che, Carlitos … Vergiss die Canzonetta!

Gestern Abend zogen wir mit Discepolín, dem größten aller Milongadichter, durch die Stadt. Als wir zu unserem argentinischen Broadway gelangten, um Dich dort singen zu hören – vom Bürgersteig gegenüber, damit uns kein Wort entging, nicht ein Ton –, betrachteten wir voller Stolz das Konzertplakat, in das sich der Freund Álvarez zu Deinen Ehren vor dem kreolischen Wolkenkratzer eingewickelt hatte. Völlig euphorisiert betraten wir das Gebäude, um Dir ein weiteres Mal mit wahrer Hingabe zu lauschen, in tiefem Glauben an die Kultur der Milonga, und uns erneut von Deiner Bonarenser Stimme mitreißen zu lassen, die eine Stunde unseres Lebens hell erleuchtete.

Wir nahmen unsere Sitze im Parkett ein, ließen unseren Blick durch den Saal schweifen, der einen herrlichen Anblick bot, voller bildschöner Frauen, halbseidener Männer und stiller Erwartung. Es vergingen einige Minuten, bis Du inmitten einer Salve aus Applaus erschienst … mehr der kleine Junge von nebenan denn je, der allen zulächelt und um die Wette strahlt.

Was soll man da machen, Carlitos? Du bist eben überall beliebt, Du kannst alles, Du bist sympathisch wie sonst keiner. Das begeisterte Publikum jubelte seinem Idol zu, und in diesem Moment, da ich Dieses nicht enden wollende Klatschen blasser Frauen- und gegerbter Männerhände vernahm, wurde ich Zeuge der größten Huldigung Deines unbestrittenen Naturells eines typischen Sängers unseres Volkes, kühn in der Liebe und kühn in der Kunst.

Die Bratschen spielten ein paar einleitende Takte, und mitten hinein in eine eindrucksvolle Stille erklang Deine goldene Stimme, Deine Stimme, die aus den verruchtesten Tanzlokalen der Stadt hervorgekrochen kam, anhob, sich verwandelte und die gesamte

Skala der Gefühle abschritt, um schließlich in einem lange andau-
ernden Finale, das tosenden Beifall im Saal auslöste, ihren Höhe-
punkt zu finden.

Nicht eine einzige Hand blieb ruhig, sogar die Platzanweiser
applaudierten dem Möchtegernkreolen, der so gefühlvoll singen
kann.

Dem ersten Tango folgte ein zweiter, dann eine Ranchera und
danach – als das von so viel kreolischem Geist begeisterte Publi-
kum, diese wilde Mischung aus koketten Damen und verruchten
Männern, lauthals schreiend Mano a mano *und* Confesión *for-*
derte –, da hast Du, Carlos Gardel, brillantes Aushängeschild un-
serer volkstümlichen Kultur, den Vogel abgeschossen. Mit derselben
Ernsthaftigkeit und Intonation, mit der Du gestern Ich werde
jetzt den und den Tango singen *sagtest, hast Du diesmal an-*
gekündigt: Ich werde jetzt eine neapolitanische Canzonetta
singen.

Sieh mal, mein Freund, wäre ich auf einer meiner zahlreichen
Reisen um die Welt dem Alten Vizcacha aus dem Martín Fierro
mit einer Camel in der Hand begegnet, ich wäre bei weitem nicht
so erstaunt gewesen.

Discépolo und wir schauten uns an, und mit unseren Gaucho-
Halstüchern, die bisher nichts anderes als Rotz beseitigen mussten,
wischten wir uns eine Träne weg.

Wir wollten einfach nicht wahrhaben, was wir da hörten, dort,
über der Calle Corrientes, vor dem Publikum dieser Stadt, das
sich vielleicht nie richtig für Dich als Menschen interessiert hatte,
sondern einzig für Dein argentinisches Herz und Deinen Tonfall
eines porteños, *diesen Tonfall, der die Seele unseres Volkes trägt.*
Du, Carlitos Gardel, kündigtest eine Canzonetta an. Es war ein-
fach unglaublich, und doch die Wahrheit.

Sieh mal, Morocho (um Dich so zu nennen, wie einst die Jungs),
Du weißt nur zu gut, dass ich ein wahrer Freund bin, der Dich
mehr als einmal auf den Seiten dieser Zeitung verteidigt und im-
mer wieder auf den gewaltigen Unterschied hingewiesen hat, der

zwischen Dir, einem waschechten Milongasänger, und den anderen, mittelmäßigen Sängern besteht.

Du weißt genau, dass ich Dich nicht kritisieren kann, denn täte ich es, wäre es so, als griffe ich auch einen Teil von mir an, etwas, über das Du singst und das Dich berühmt gemacht hat. Aber es führt kein Weg daran vorbei, ich muss dir sagen, was ich in meinem Herzen spüre: Vergiss diese ausländischen Lieder, die zwar schön sein mögen, die Du aber unserer Meinung nach nicht singen solltest.

Beschmutz nicht die Musik, Bruder, die Dich berühmt und reich gemacht hat, indem Du sie zusammen mit diesem frankoneapolitanischen Unsinn singst, der uns nichts angeht, der uns kalt lässt und den ... aber lassen wir das.

Lass Dich nicht veräppeln, Carlitos, hör auf mit dem Quatsch, bevor du vom Thron gestürzt wirst und keine Platten mehr verkaufst, die, wie Du weißt, nicht von den reichen Schnöseln gekauft werden.

Mach es wie ich, der sein Englisch auf dem Schiff zurückließ, zusammen mit dem Trinkgeld für den Bordkellner.

Denk dran, schon morgen kann es mit Dir bergab gehen, und wenn Du erst einmal pleite bist ... Die Liebe des Volkes ist viel wert, deshalb solltest Du ihm keinen Grund geben, Dir etwas vorzuwerfen.

Dein geliebtes Buenos Aires, die Calle Corrientes, die Straße, die Gäule, der Tango, die Milonga, das ist Dein Leben, dein wahres Leben; alles andere ist Lüge.

Halt Dich von diesem merkwürdigen Kram fern ... und eines Tages wirst Du mir dankbar dafür sein.

Carlos de la Púa

Wir schreiben das Jahr 1931, und Gardel ist der bestbezahlte Sänger Argentiniens. Er verdient doppelt so viel wie Florencio Parravicini. Er ist nicht mehr der einfache Junge, den Carlos de la Púa gern sehen würde. Er ist ein anderer. Jemand, der in Paris triumphiert hat. Warum regt sich der Gemeine Muñoz so über ihn auf? Was wirft er ihm vor? »Er reiste und sang auch für uns«, bemerkt Anselmo Aieta in der Kaffeehausrunde. »Und wenn sie das nicht begreifen wollen … Pech gehabt! Ich schnapp mir meinen Koffer und hau ab«, sagt Gardel an dem Abend, als er beschließt abzureisen.

Gardel schifft sich auf dem Dampfer *Conte Rosso* ein. »Nimm den Conte Rosso« wird später im Volksmund einmal ein Synonym für »sich davonmachen«, »weggehen« sein.

»Ich bin jedenfalls nicht schuld«, murmelt Gardel lächelnd, als er wie in einer Filmszene an der Reling steht und Buenos Aires unter den Klängen von Tangomusik in der Ferne verschwindet.

Der Sänger und der Schreiber

(Aus dem Tagebuch von Alfredo Le Pera)

Paris, 1931

Gestern sind wir Gardel im La Coupole begegnet. Er ist und bleibt ein flotter Typ, daran gibt es nichts zu rütteln. Überzeugt hat er mich jedoch mit seinen Worten, der Mann weiß, was er will. Dagegen lebe ich in einem Zustand permanenten Zweifelns. Gerade lese ich Tschechow. Ich würde ihn gerne nachahmen, so schreiben wie er, mich nicht ständig mit der Suche nach dem richtigen Wort quälen, wie es Flaubert fordert. Natürlich sein oder natürlich wirken – vielleicht liegt darin das Geheimnis eines guten Schriftstellers. Etwas, das nichts mit diesem »Talent für das Schreiben« zu tun hat, das diejenigen so loben, die meine Texte lesen. Gerne wäre ich so gewesen wie Tschechow, aber jeder ist das, was er aus seinem Leben macht. Ein Narr oder ein Gott. Nicht jeder kann ein Gardel sein. Ich schlage mich gerade so als Journalist durch, und mit meinem Talent für Sprachen: Französisch, Englisch, Italienisch. Geboren wurde ich als Sohn italienischer Einwanderer in Brasilien, doch wenig später verschlug es mich nach Argentinien. Ich bin einer von vielen, einer mit Größenwahn; einer von diesen Argentiniern, die in der Welt umherirren und ihren Ort suchen. Ich wollte Theaterautor werden. Ich war nicht gut genug. In der Theaterszene von Buenos Aires galt ich als unsympathischer, vergeistigter Typ. Meine Arbeiten für das Theater in Buenos Aires waren nicht erwähnenswert, obwohl ein Stück, *La plata de Bebe Torres*, durchaus erfolgreich war. Jetzt lebe ich in Paris, wo ich als Übersetzer französischer

Filme arbeite. Ich schreibe die spanischen Untertitel. Ich beklage mich nicht: Richtige Arbeit wäre schlimmer. Ich bin, was man einen Schreiber nennt, ein Auftragsschriftsteller, der das macht, worum man ihn bittet, und nicht das, was er gerne tun würde. Es kann sich um ein Drehbuch fürs Kino oder um ein Lied handeln. Was immer das verehrte Publikum wünscht. Ich bin ein Schreiber, jawohl. Ich schreibe, was der jeweilige Auftraggeber verlangt: der Herausgeber einer Zeitung, der Chef einer Filmproduktionsfirma oder der Sänger, mit dem ich mich jetzt an einem Tisch im La Coupole unterhalte.

»Ich habe Ihre Texte gelesen, Le Pera. Sie sind ein wahrer Dichter. Kein Kaffeehausdichter, ein paar meiner Freunde mögen mir verzeihen. Sie sind kein Tangodichter, Le Pera, und das ist ein Vorteil für den Tango.«

»Darin ähneln wir uns, wie man mir gesagt hat. Der *Armenier* Kaliakan Gregor hat mir erzählt, dass Sie, als er gerade mit seiner Jazzband in Buenos Aires war, vier Lieder auf Französisch mit Ihrem Orchester aufgenommen haben. Wissen Sie was? Der Armenier war ziemlich erstaunt, dass man Sie wegen Ihres heterodoxen Repertoires kritisierte … Wissen Sie, was er zu mir sagte? … Sie zu hören heiße, Argentinien zu lieben.«

»Sie schmeicheln mir. Ich hoffe nur, dass er Recht hat.«

Ich muss ein Gleichgewicht zwischen Leben und Schreiben finden. Ich bezweifle, dass es mir noch gelingen wird; ich bin bereits achtundzwanzig Jahre alt. Gerade habe ich eine Inhaltsangabe von *Une maison sérieuse* verfasst. Sie bildet die Grundlage für den Film *La casa es seria*, in dem auch Gardel mitspielen wird. Die Firma Paramount hat ein Büro für uns beide besorgt. »Wir sind doch keine Vögel, um in einen Käfig gesteckt zu werden«, beschwert sich der Dunkle aus dem Abasto, der es vorzieht, das Gespräch im Café fortzusetzen. Fürs Erste arbeiten wir gut zusammen. Schritt für Schritt lernen wir uns kennen.

Was ich gemeinsam mit Gardel ausgrabe, sind Wörter, die ich bereits vergessen glaubte, diesen Tonfall aus Buenos Aires, den ich aufgrund meiner zahlreichen Reisen durch die Welt und das viele Übersetzen fremder Wörter verloren hatte. Ich kam damals wegen einer Tänzerin nach Paris, der ich *Die Blumen des Bösen* von Baudelaire vorlas. Kurze Zeit später verließ mich die Frau und zog mit einem Weinhändler aufs Land. »Ich mag die frische Luft«, rechtfertigte sich die aus der Provinz Mendoza stammende Tänzerin. Sie sagte, sie wolle saubere Luft atmen. Wir trennten uns in Frieden, und ich widmete mich wieder der Arbeit, mit der mich der Intendant des Teatro Sarmiento von Buenos Aires beauftragt hatte: in Paris die neuesten Trends des Varietétheaters zu studieren.

»Was für eine Arbeit, Partner! Was müssen Sie für Frauen gesehen haben!«, scherzte Gardel.

»Ziemlich viele, das ist wahr. Viele … und doch keine«, traute ich mich zu sagen. »Man vermisst, was man verloren hat: eine Frau, eine Stadt. Aber das ist ein Tango, den ich nie schreiben werde.«

»Wir werden andere machen«, versprach Gardel.

Ciao, Buenos Aires

1933 war der Sänger nach Buenos Aires zurückgekehrt. Man sah ihn in Begleitung seiner Freundin Isabel del Valle in der Loge des Tanzlokals Chantecler. Dort suchten ihn seine Freunde auf, ein Haufen von Nachtschwärmern, um ihn zu begrüßen. Mit ihnen zog er durch die Calle Corrientes.

»Vergesst Paris!« Er war wieder in Buenos Aires.

Jemand erzählt ihm, dass Ruggerito, der Günstling von Barceló, dem wichtigsten Mann aus Avellaneda, getötet worden war. »Man hat ihn mitten auf der Straße erschossen, Morocho.«

Gardel läuft mit seinen Freunden durch die Corrientes, als sie plötzlich auf eine Gruppe junger Faschisten mit pomadisiertem Haar stoßen. Es sind heimische Nazis, Nachahmer Hitlers. Herausfordernd sehen sie Gardel an. Dann machen sie den faschistischen Gruß und gehen weiter. Trotz allem ist es eine herrliche Nacht, mit Frauen, Freunden, einem sternenübersäten Himmel und den funkelnden Lichtern des Stadtzentrums.

»Das waren noch Nächte! Sie hatten etwas ganz Besonderes, etwas Magisches an sich«, wie César Tiempo, seinen Freund García Lorca zitierend, schwärmte. Er war es, der mir erzählte, was in jener Nacht des 6. November 1933 geschah. An diesem Abend fand die Generalprobe seines Stückes *El teatro soy yo* statt. Die Hauptperson war ein leicht verrückter Schwarzer, gespielt von Mario Sóffici. Ja, derselbe, der später als Filmregisseur von sich reden machen sollte. Im Parkett verfolgte ein ganz besonderer Zuschauer die Aufführung: der

Dichter Federico García Lorca, der sich seit einem Monat in Buenos Aires aufhielt. Schon nach kurzer Zeit mischte sich Lorca, der in Harlem und auf Kuba mit Schwarzen zusammengelebt hatte, in die Aufführung ein und schlug Dutzende von Änderungen vor: das Einfügen schwarzer und jüdischer Lieder, neue Szenen, neue Kulissen ... Einfach großartig! Den Intendanten erschreckte so viel Energie, so viel Kreativität jedoch. César Tiempo musste lachen, als er die Worte des Intendanten wiedergab: »Wenn ich alles machen würde, was dieser verrückte Spanier vorschlägt, wäre ich bald pleite!« Lorca war mit ein paar Freunden gekommen, und gemeinsam mit ihnen verließ César Tiempo um kurz nach Mitternacht das Theater. »An der Ecke Corrientes und Calle Libertad gesellten sich ein Lächeln und zwei Arme dazu«, erzählte er, bevor er verriet, wer der Besitzer dieses Lächelns war, bei dem es sich um keinen anderen als Carlos Gardel handelte. In jener Nacht, in der Calle Corrientes, stellte César Tiempo die beiden großen Männer einander vor: García Lorca und Gardel. Sie umarmten sich herzlich. »Anschließend sind wir alle in die Wohnung des Sängers gegangen. Gardel sang ein paar Lieder, bei denen er sich selbst auf der Gitarre begleitete, mit dieser ihm eigenen Geste, bei der er seinen Kopf an den Gitarrenhals lehnte, so als wollte er ihn abhorchen. Federico stimmte in den Gesang ein, klatschte mit den Händen im Takt und stampfte mit den Füßen wie ein andalusischer Flamencotänzer. Grandios. Ich sehe die beiden noch vor mir: Gardel und Federico. Durch das offene Fenster wehte milde Nachtluft ins Zimmer. Die Nacht war voller Emotionen, Emotionen, die weit über die Verse und die Musik hinausgingen. Der Dunkle sang *Caminito*, *Claveles mendocinos*, *La tropilla*, *Mis flores negras*. Federico lauschte ihm gebannt, und etwas später sang er selbst, mit diesem typischen Akzent der *porteños*, für eine Nacht verzaubert von der Magie des Tangos. Als sie sich verabschiedeten ... wie fern lag ihnen da jeglicher

Gedanke an den Tod! Aber wer dachte damals schon an den Tod? Wer kam schon auf die Idee, dass er eines Tages sterben würde?«

Familienportrait

Nicht jeder kann ein Gardel sein. Er lächelt wie auf der Kinoleinwand, man kann ihn anschauen, fern dem Elend der Gegenwart, unsterblich wie das Standbild eines Films, das in der Dunkelheit flimmert und dem Vergessen trotzt. Jetzt kehrt er mit seiner Mutter nach Frankreich zurück. Auf dem Deck stehend, betrachtet er das phosphoreszierende Leuchten der Wellen, von dem er als kleiner Junge annahm, es stamme von ins Meer gefallenen Sternen. Später liest er in seiner Kabine erneut den Brief von Le Pera, der ihm schreibt, dass er gerade am Drehbuch von *Melodía de arrabal* arbeitet. Alles läuft bestens. Am folgenden Tag wird das Schiff den Hafen erreichen, von wo Bertha Gardès und ihr Sohn nach Toulouse weiterreisen werden.

Gardels Mutter kommt in eine Stadt, die ihr vertraut ist, auch wenn sie in ihrer Erinnerung ganz anders aussah. Alles ist noch da: das Haus, die Kirche, die Straßen, durch die sie lief, als sie jung war, und die jetzt vor ihren Augen wie in einem Traum verschwimmen. Sie weiß, sie ist zurückgekehrt, obwohl sie bereits früher viele Male hier war – immer dann, wenn sie von Toulouse träumte. Es ist seltsam: Die Gerüche sind nicht mehr die Gleichen, sie haben sich von den Dingen gelöst, sind an die geheimen Orte zurückgekehrt, an denen Bertha noch immer jung ist und keine alte Frau, die mit ihrem Sohn heimkehrt, dem Sänger aus dem Süden, den alle nur *Le Roi du Tango* nennen. Als sie in Toulouse eintrifft, wissen bereits alle Bescheid: der Herr Pfarrer, der Dirigent der Gemeindekapelle und natürlich Bertha Gardès' Familie, angefangen mit ihrem Bruder Jean und seiner Frau, die ihr sogleich anbieten, bei ihnen zu wohnen.

»Du kannst hierbleiben, wenn Charles weiter nach Paris fährt. Das ist dein Haus, Bertha. Ich habe immer gewusst, dass du heimkehren würdest«, sagt der Bruder, während er Brot und Käse schneidet und ihnen Wein einschenkt.

»Ich wollte immer zurück, Jean, wenn auch nur, um dir einen letzten Kuss zu geben und dir auf Wiedersehen zu sagen.«

»Warum sagst du so etwas, Bertha? Du kannst bei uns bleiben, solange du willst.«

»Mein Zuhause ist Buenos Aires, Jean, meine Freunde leben in dieser Stadt.«

»Du hast auch Freunde in Toulouse …«

»Als ich sie brauchte, waren sie nicht da.«

»Lass uns die Vergangenheit begraben, ja? Wir haben damals alle gelitten, als das passierte.«

»Als was passierte, Jean? Ich bin gegangen, weil ich die Vorwürfe und das Gerede dieser anständigen Leute nicht mehr ertragen konnte … Welche Sünde habe ich begangen, Jean? Die, einen Sohn zu haben, den sein Vater nicht anerkennt? Die Mutter eines Bastards zu sein?«

»Rede nicht so! Du bist eine anständige Frau …«

»Niemand verurteilt dich, Schwägerin.«

»Ich bin nicht gekommen, damit man mich verurteilt, Denise! Sondern um zu sehen, was einmal mein Haus war, meine Straße, diese Stadt, durch die ich lief, als ich ein unerwünschter Mensch war. Ohne Groll, Denise, aber auch, ohne vergessen zu können …«

»Iss nur«, sagte Jean nachgiebig und versuchte, seine verärgerte Schwester zu besänftigen.

Kurz darauf erschien Gardel mit Geschenken für die Verwandten unter dem Arm.

Es ist unmöglich, Tante Marisou zu übersehen. Gardel sagt, mit ihrer Körperlänge von anderthalb Metern, ihrem glockenförmigen Kleid und ihrem riesigen Hut gleiche sie einer Vase oder einer Lampe. Im Verhältnis zu ihrer Statur benutzt Tante Marisou einen überproportional großen Regenschirm, der mehr wie ein Fallschirm aussieht, wenn sie ihn öffnet. Der Regenschirm dient ihr auch als Spazierstock, den sie gern auf dem Bürgersteig klackern lässt. Die Männer grüßen Tante Marisou, die bereits fünfundsiebzig Jahre alt ist, aber mit dem Hinterteil wackelt, als wäre sie zwanzig. Als Gardel ihr das sagt, piekst sie ihn aus Spaß mit ihrem Regenschirm. Da nimmt Gardel sie in die Arme, hebt sie hoch und dreht sich mit ihr im Kreis, während er *parlame d'amore, Marisou* singt, und sie lacht über diesen Strolch, der ihr Neffe ist und den andere *Le Roi du Tango* nennen.

Nach einer Woche in Toulouse verabschiedet sich Gardel von seinen Verwandten und seiner Mutter. Begleitet von lautem Lachen und gutgemeinten Ratschlägen steigt er ins Auto. Er spürt das Glück, eine Familie zu besitzen. Doch er weiß, sein Schicksal ist es, weiterzureisen.

Die Traumfabrik

Jedes Mal, wenn er den als Gaucho verkleideten Gardel in den Filmstudios von Joiville sah, musste Le Pera schelmisch grinsen. Oder wenn er ihn mit Poncho, Halstuch und hohen Stiefeln auf einem Pferd sitzen sah, zusammen mit Vicente Padula. Oder mit Pedro Quartucci im tadellosen Smoking. »Carlitos, du bist und bleibst ein feiner Geck«, sagte Le Pera zu ihm. »Die Wirklichkeit ist nicht, was sie ist, sondern das, was sie zu sein scheint.« Das ist es, was Alfredo Le Pera in einem Café in Paris sagt, wo er sich mit dem sowjetischen Schriftsteller Ilja Ehrenburg unterhält, der vom Kino als einer Traumfabrik spricht. Gardel und Le Pera sind kurz davor, einen »wunderbaren Schwindel« zu entfachen, wie Aníbal Troilo es einige Jahre später nennen sollte: Sie werden sich Geschichten, Dialoge und Lieder ausdenken, um Träume in Wirklichkeit zu verwandeln. »Wir müssen uns beeilen, *che*, denn selbst die Schwachköpfe sind hier früh auf den Beinen!«, meint Gardel. Von nun an drehen sie einen Film pro Monat. In einem von ihnen, in *Espérame*, wirkt auch Lolita Benavente mit.

»Manche behaupten, sie sei eine von Gardels Geliebten gewesen, aber sie irren sich«, erklärt Don Edmundo Guibourg der geselligen Runde im Café. »Sie verwechseln sie mit der anderen Lola, der Coupletsängerin aus Madrid, die erst im Hotel des Sängers und dann in seinem Bett landete.«

»Hör zu, Lola, ich muss arbeiten«, wehrte sich der Mann, noch in *robe de chambre*, makellos wie in einem seiner Filme.

»Komm her, mein kleiner Wichtigtuer!«, beharrte sie und führte ihn zum Bett.

Abgesehen von solchen Vergnügungen machte Gardel weiterhin seine Fitnessübungen, etwa im CVJM. Und auch die schwedische Gymnastik und die Übungen an den Geräten vergaß er nicht, ebenso wenig wie die rhythmische Gymnastik, die er besonders gewissenhaft betrieb, während Adolfo Avilés, der Autor von *Los ojazos de mi negra*, in der Turnhalle Klavier spielte. War der Unterricht beendet, gingen sie in den Umkleideraum, wo Gardel sich einen Besen griff, ihn vor sich hielt wie eine Gitarre und ein paar Tangos sang, zu denen er sich aus Spaß neue Texte ausdachte. Der bloße Gedanke daran ließ Gardel laut loslachen.

»Worüber lachst du?«, fragte Lola, lasziv im Bett zurückgelehnt wie Goyas *Nackte Maja*.

»Über andere Übungen, *che*! Kein Grund, eifersüchtig zu sein«, antwortete ihr Gardel vom Tisch aus, so wie in einem seiner Filme.

»Komm her!«, insistierte Lola.

»Ich bin müde, *gallega*.«

»Idiot!«, schrie sie ihn an, völlig außer sich, und kurz darauf packte sie ihre Koffer und verschwand nach Madrid.

Die Einsamkeit währte nicht lange. Zu jener Zeit sah man Gardel häufig mit der französischen Schauspielerin Gaby Morlay, mit der er sich gelegentlich in Manuel Pizarros Club Villa Rosa getroffen hatte. »Die Französin wich Gardel nicht mehr von der Seite. Sie folgte ihm überall hin«, wurde Julio de Caro nicht leid zu erzählen, der sie regelmäßig auf der Pferderennbahn von Longchamps und in Pizarros Nachtclub sah. »Sie war völlig verrückt nach Milongas.« Sie ließ sich vom Morocho führen, folgte seinen Bewegungen, ließ sich im Kreis drehen und in seine Arme fallen, wobei sie die Brüste einladend an ihm rieb. »Sie war ziemlich elegant, diese Französin.« Immer wieder schaute sich Gardel ihre Filme an. »In der Dunkelheit des Kinosaals, verloren zwischen den

Zuschauern, fühle ich mich wie ein Voyeur, der seine Geliebte in den Armen eines anderen beobachtet«, gestand er Le
Pera. Er holte sie oft vor dem Theater ab, in dem sie auftrat.
Eingehüllt in ihre Pelze, tat sie so, als würde sie vor Kälte
sterben, und dann besuchten sie ein Restaurant oder gingen
zum Tangotanzen in den Nachtclub Villa Rosa, bevor sie ihre
Nacktheit mit der Hitze ihrer Körper bedeckten. Während sie
sich liebten, sprachen sie französisch, obwohl er manchmal,
um sie noch näher zu spüren, das eine oder andere (zärtliche
oder freche) Wort auf *Argentinisch* aussprach. Auf diese Weise
verbrachten sie viele Nächte in Paris.

»Eine Traumfabrik? So nennt Ehrenburg das Kino?«, fragte
ihn Charles Chaplin, während sie am Strand von Nizza spa-
zieren gingen. »Ich kenne diese Fabrik, Gardel. Ich habe dort
einen großen Teil meines Lebens verloren, das kannst du mir
glauben.«
  An jenem Tag erzählte er Gardel ein paar Geschichten, die
Stoff für Tangos hätten sein können, wären sie nicht mitten
aus dem Elend der Wirklichkeit gegriffen. Weit weg von den
Touristen, am Ufer des Mittelmeeres, unterhielten sich die
beiden Männer wie alte Freunde. Chaplin, dem eigentlich jeg-
liche Vertraulichkeit zuwider war, hatte an jenem Tag in Gardel einen wirklichen Gesprächspartner gefunden, vielleicht
weil ihm die Unterhaltungen mit seinem Halbbruder fehlten,
seinem einzigen Vertrauten, der in den USA geblieben war,
um Geschäftliches mit Leuten aus der Kinobranche zu regeln.
»Er ist alles, was ich habe, der Einzige, der mir von meiner
sonderbaren Familie geblieben ist. Habe ich schon erwähnt,
dass wir sehr arm waren?« Gardel spürte, dass dies auch seine
Geschichte hätte sein können und die eines jeden x-beliebigen
armen Teufels, der seinen Platz in der Traumfabrik gefunden
hat. »Meine Mutter starb an Geisteskrankheit«, sagte Chaplin,
der nicht mehr das kleine Männchen von der Leinwand war,

sondern jemand, dem die Verrücktheit der Welt Sorgen bereitete. »Es wird bald Krieg geben«, sagte er. Gardel erschrak, so als würde man ihn wegen einer lang zurückliegenden Schuld anklagen. »Als Franzose hätte ich mich melden müssen, um im letzten Krieg zu kämpfen«, gestand Gardel. »Dazu werden Sie früh genug wieder Gelegenheit haben«, sagte Chaplin und lächelte traurig. Sie betraten den Speisesaal des Hotels. An einem der Tische saß Minister Herriot mit seiner Frau und zwei Herren von freundlichem Aussehen. »Geheimagenten«, informierte ihn Chaplin. Dankbar erinnerte sich Gardel an Herriots Bemühungen um die Freilassung seiner Freundin Bubú, Fujitas Model und Modiglianis Geliebter. Herriot bewunderte den Roi du Tango und hatte sich ihm gegenüber mit dieser Gefälligkeit erkenntlich gezeigt. »Manchmal denke ich, dass wir Künstler etwas von Hofnarren an uns haben«, bemerkte Chaplin. »Wir bringen die Menschen, die wir entweder fürchten oder verachten, zum Lachen.« An jenem Nachmittag war seine Stimmung gedrückt. Gardel verstand ihn. Auch ihm war in manchen Momenten, wenn er sich im Spiegel betrachtete, sein eigenes Lächeln zuwider.

Gardel in New York

Am 27. Dezember 1933 bezog Carlos Gardel ein Zimmer im Waldorf Astoria in New York. Am Empfang begegnete er seinem Landsmann, dem Schwarzen Anglada, der eine Millionärin geheiratet hatte und jetzt in dem Hotel wohnte.

»Weißt du, wer hier aufgetreten ist, Morocho? Kein Geringerer als Rodolfo Valentino! Ich habe ihn gesehen, Carlitos! Ich habe ihn mit meinen eigenen Augen gesehen! Valentino hat seine Show auf dem Dachgarten des Hotels aufgeführt. Sie hieß *The Wild Gaucho*.«

»Valentino tanzte in Pumphosen aus Seide, halbhohen Stiefeln, einer weiten Bluse und trug einen andalusischen Hut. Der Tango (oder was auch immer das sein sollte) war das Werk eines Ungarn und hieß *Jalousie*. Der wilde Gaucho (ein Italiener!) flippte völlig aus beim Tanzen, riss die Frau an sich, verdrehte die Augen …«, erzählte Anglada, während sie zum Dachgarten hochfuhren, von wo man eine fantastische Aussicht auf die Wolkenkratzer von New York hatte. Während er seinem Freund zuhörte, glaubte Gardel, Valentino in seinen Verkleidungen als Araber oder Gaucho vor sich zu sehen. Er stellte sich vor, der Schauspieler würde noch leben und wie eh und je von den Frauen geliebt werden. »Ein Schwindler«, dachte Gardel. »Ein Betrüger«, sagte er sich und begriff, dass er nicht Valentino, sondern sich selbst meinte.

»Ist dir aufgefallen, dass immer ein Argentinier im Spiel ist, wenn irgendwo gemogelt wird?«, fragte ihn Anglada, der ohne Punkt und Komma weiterredete. »Eines Nachts schaute unser Landsmann Juan Carlos Cobián hier vorbei, halbtot vor Hunger. Ein toller Musiker und großartiger Komponist. Er kam mit Kosarín ... Erinnerst du dich noch an ihn? Er hat einmal ein Jazzorchester im Armenonville geleitet. Kosarín kannte Valentino gut und stellte ihn Cobián vor, und der nahm ihn gleich für acht Wochen als Pianist und musikalischen Berater unter Vertrag. Hier im Waldorf, vor all den reichen, wichtigen Leuten New Yorks ... Was sagst du dazu, Carlos? ... Ich werd dir noch etwas erzählen: Cobián riet Valentino, nicht mehr mit *Jalousie* aufzutreten. Stattdessen tanzte er den Tango *Kisses of Fire* ... Weißt du, welcher Tango das in Wirklichkeit war? *El Choclo*, Carlitos!«

»Egal ob in Paris oder New York, ich erkenne die Argentinier an ihrer Art zu gehen. Es sieht immer so aus, als würden sie gerade einen Tango tanzen«, macht sich der Schwarze Anglada lustig, während sie die vielen Straßenverkäufer und Angestellten betrachten, die gerade aus ihren Büros strömen. In den kommenden Tagen stellt ihm Anglada weitere Landsmänner vor: Folkloretänzerinnen, Lebenskünstler, Tangogitarristen, die jetzt Flamenco spielen und in Cafés essen, wo sie von spanischsprechenden Mädchen bedient werden.

Anglada nimmt Gardel in ein italienisches Restaurant mit: das Santa Lucia. Der Tangosänger hat das Gefühl, in Buenos Aires zu sein, in der Kneipe El Pajarito. Ihm ist, als hörte er erneut Carusos Lob: *Guarda, caro, la bella voce del morettino! Magnifico! E tutto senza scuola!*

»Ich wohne hier in der Stadt des Geldes und bin nicht so blöd, mich gleich aus einem Fenster des Waldorf Astoria zu stürzen, nur weil die Dinge einmal nicht so gut laufen. Kein Grund zur Sorge«, schreibt er seinem Freund Armando Defino, der sich in Buenos Aires um seine Geschäfte kümmert. Von New York aus wettet Gardel weiterhin Geld bei den Pferderennen in Palermo und San Isidro. »Morgen schicke ich Geld. Setz fünfhundert zu gleichen Teilen«, bittet er Defino per Telegramm.

Gardel war erst seit wenigen Tagen in New York, da begann er bereits mit Paramount zu verhandeln, und ein paar Wochen später konnte man ihn schon im Radio hören. Die *Hispanics* im Norden der Stadt erkoren ihn zu ihrem Idol. Schließlich war er ein Latino, genau wie sie. Gardel triumphierte – so wie vor ihm Valentino.

Lieber Armando,

ich möchte Dir von den neuesten Ereignissen berichten, die meine Wenigkeit betreffen. Wir haben eine Firma gegründet, die Exito's Spanish Pictures *heißt und die ich leiten werde. Unsere Gesellschaft wird von der Western Electric finanziert und gehört der Paramount an. Für zwei Filme zahlt man mir 25.000 Dollar und darüber hinaus 25% der Einnahmen, wobei die Kontrolle der Geschäfte in meinen Händen liegt. Was hältst Du davon? In Kürze werde ich Dir Einzelheiten mitteilen. Bis dahin verbleibe ich mit den herzlichsten Grüßen an Dich und Deine Familie,*

Gardel

Um seine Figur zu halten, joggt er jeden Morgen mit Anglada durch den Central Park. An manchen Tagen leistet ihnen ein weiterer Argentinier Gesellschaft, Hugo Mariani, der das Orchester der National Broadcasting Corporation leitet. Wenn die Orchestermusiker bei einer Aufnahme die Intention eines seiner Tangos nicht verstehen, verliert Gardel schnell die Geduld. Doch glücklicherweise gibt es auch welche, die sie begreifen, Maestro Alberto Castellanos beispielsweise oder Maestro Terig Tucci, der immer lächelt, wenn Gardel wütende Blicke in Richtung der Musiker wirft. Sind die Aufnahmen beendet, hellt sich die Laune der Drossel schlagartig auf, erst recht, wenn er endlich in seinem Lieblingsrestaurant sitzt. Dort kommen *seine Leute* zusammen. Großzügig lädt er all die ein, die nach New York gekommen sind, um reich zu werden, und nicht so viel Glück hatten wie er. Einige von ihnen spielen in seinen Filmen mit – es sind die Darsteller, die wir zwar auf der Leinwand sehen, die wir aber nicht kennen, die immer anonym bleiben werden, wie Gespenster einer großen Illusion.

Der ›Stumme‹ singt in New York. Man kann ihn um elf Uhr abends auf dem argentinischen Radiosender LR4 Radio Splendid hören. Gardel sitzt mit einem Kopfhörer in den Studios der NBC, während sich Barbieri, Rivero und Vivas in Buenos Aires befinden und darauf warten, Gardel auf der Gitarre zu begleiten. Gardel hört sie über Kurzwelle, und dann singt er, als hätten Zeit und Raum, diese Erfindungen Gottes und des Universums, aufgehört zu existieren.

Gardel ist vom Waldorf Astoria in eine luxuriöse Wohnung an der Ecke 44th Street und 2nd Avenue gezogen. Le Pera beendet gerade die letzten Strophen einiger Lieder für den Film *Cuesta abajo*. Im Mai 1934 beginnen in den Paramount-Studios von Long Island die Dreharbeiten. Regisseur ist der Franzose Louis Gasnier, mit dem Gardel bereits in Joiville zusammengearbeitet hat – und mit dem sich Le Pera pausenlos streitet. Dem Schreiber geht es nicht gut, er fühlt sich ausgenutzt, wie er sagt, ihn stört es, ständig unter Zeitdruck schreiben zu müssen, wie es die Produzenten von ihm fordern. »Ich sollte einfach alles hinschmeißen und abhauen«, denkt er, obwohl er genau weiß, dass er es nie tun wird. »Mir fehlt der Mut zu einem echten Schriftsteller«, gesteht er sich ein.

»Und, Le Pera? Sind die Korrekturen am Drehbuch fertig?«

»*Oui, monsieur.* Hier ist es. Machen Sie damit, was Sie wollen. Vernichten Sie es ruhig!«

»Wissen Sie, was Ihr Problem ist, Señor?«, erwidert Louis Gasnier. »Sie sind ein enttäuschter Intellektueller ... Aber das ist Ihr Problem, nicht meins! Mir reicht es, professionell zu arbeiten. Ich versuche gar nicht erst, ein großer Künstler zu sein, ein Genie des Kinos. Nein, das werde ich nie sein, und das weiß ich sehr genau.«

»Sie sind einfach nur mittelmäßig, Gasnier!«

»Und Sie, Le Pera? Sie sind ein Niemand! Nur der Schatten eines Sängers.«

Sie sind kurz davor, sich zu schlagen, als die Schauspielerin Mona Maris aus ihrer Garderobe tritt.

»Was ist denn hier los, meine Herren? Streiten Sie sich etwa meinetwegen?«, fragt sie die beiden, während sie sich zwischen sie stellt und lächelt, als wäre nichts geschehen. Gardel betrachtet die Szene von weitem. Eine Szene, die nicht verfilmt, in der er nicht zu sehen sein wird.

Während der Dreharbeiten mit Mona Maris gibt es Augenblicke, in denen Gardel verwirrt ist und diese wunderschöne Frau am liebsten küssen würde. Sie spielen bloß ihre Rollen, und doch spürt er die Leidenschaft in jeder einzelnen Filmszene. Viele Jahre später wird sich Mona Maris sehr lebhaft an diesen Moment erinnern: »Manche Menschen finden sich einfach. Und ohne groß darüber reden zu müssen, fühlen sie, dass da etwas zwischen ihnen ist, einfach so. Später können sie durch die Umstände des Lebens (die Arbeit oder was auch immer), oder gar den Tod, getrennt werden. Ich glaube, zwischen uns hätte sich etwas sehr Schönes entwickeln können, wenn Gardel länger gelebt hätte. Aber das war schlagartig vorbei, verstehen Sie?«

»Fern voneinander kann man nicht glücklich sein; selbst die Liebe ist dann etwas Trauriges«, sagte Mona Maris einmal zu ihm, als sie durch das Laub des herbstlichen Central Park schlenderten.

»In seinen zärtlichen Briefen – die allerdings sehr selten kamen, weil er ein bisschen schreibfaul war –, beteuerte er mir immer wieder seine Liebe«, erinnerte sich die Frau, die seine *offizielle Freundin* war, Isabel del Valle. Die vielen anderen Frauen erwähnte Gardel nicht, all die wirklichen oder erfundenen Liebschaften, die ihm in jener Zeit zugeschrieben wurden. Isabel del Valle schien anzunehmen, dass Mona Maris bloß eine Arbeitskollegin ihres Geliebten sei, eine Schauspielerin unter vielen, die im selben Film mitwirkte wie er. Alles andere waren Gerüchte, Werbung, Reklame, um den Streifen zu vermarkten.

»Man darf nicht alles für bare Münze nehmen, was über Schauspieler erzählt wird«, behauptete Gardels Geliebte voller Überzeugung.

»Es gab da noch eine andere Frau, eine Frau, von der niemand spricht, meine Herren«, erzählte der Verbrannte im Café. »Sie hieß Estrella Rigel und war eine Schauspielerin und Sängerin, die ihr Glück in Hollywood und New York versucht hatte. Vor ein paar Jahren hat Nolo López über diese Frau geschrieben, und der Dichter Héctor Gagliardi widmete ihr ein paar Verse. Ich kann mich noch erinnern, wie die junge Frau einmal an Gardels Tisch im Restaurant Santa Lucia saß, als Mona Maris abgesagt hatte. Doch ihre Geschichte nahm ein trauriges Ende, ein Ende wie im Kino: Als Estrella Rigel aus dem Radio von unserem Unfall in Medellín hörte und erfuhr, dass Gardel dabei umgekommen war, nahm sie sich in ihrem Hotelzimmer das Leben …«

Der Verbrannte hielt kurz inne, nippte an seinem Kaffee und rezitierte anschließend, beinahe singend, die Verse, die Héctor Gagliardi der Selbstmörderin gewidmet hatte:

Dein Körper möge ruhen
geliebte Estrella Rigel,

und dort, im Himmel, umarme
unseren Carlos Gardel.

Estrella Rigel lebte in der Bronx, und wenn Gardel sie besuchen kam, lief er durch dunkle, von der Prohibition verwüstete Straßen, in denen jetzt Latinos wohnten, die in den Cowboyfilmen als Rothäute auftraten. Hier lebten die Armen des *Big Apple*, die Italiener und Juden und der eine oder andere Schwarze, den es aus Harlem vertrieben hatte. Es war das New York, das Le Pera gerne in seinen Drehbüchern abgebildet hätte. Doch man ließ ihn nicht. Gardels Beschwerde, ihm würden nur hirnlose Geschichten geliefert, war vergeblich. Auch der Regisseur Gasnier sprühte nicht unbedingt vor Phantasie. Jede Szene, in der Gardel sang, drehte er als Nahaufnahme. Die Produzenten nahmen an, die Zuschauer würde nichts anderes interessieren, als ihr Idol aus der Nähe singen zu sehen. Eine Aufnahme, noch eine Aufnahme. Die Filme kosteten viel Geld, und je schneller sie fertig waren, desto besser. Die Traumfabrik ließ wenig Raum für Feinheiten. Es war ein knallhartes Geschäft, und Gardel hatte es akzeptiert. Der Film war bloß ein Vehikel für den Gesang. Um das Idol zur Schau zu stellen. Le Pera, ein gebildeter Mann, schrieb auf Bestellung, ohne jegliches Recht, seine Ideen einzubringen. Man bezahlte sein Schweigen gleich mit. Und man bezahlte ihn gut. Hin und wieder stritt er sich mit dem Direktor oder Castellanos (der für die Auswahl der Filmmusik zuständig war), und nicht selten sogar mit Gardel. Doch auch er hatte die Spielregeln akzeptiert und musste sie jetzt einhalten.

»Einmal traf ich ihn im Studio, wo er laut vor sich hin fluchte«, erzählt der Verbrannte in der Kaffeehausrunde. »Ich fragte ihn, was los sei, mit wem er sich gestritten habe …

›Mit mir selbst, Alter! Wegen diesem Scheiß, den ich schreibe. Ich streite mit mir selbst, verdammt!‹

›Was sagst du denn da, Bruder?‹

›Die Wahrheit, manchmal sage ich sogar die Wahrheit. Sieh dir an, was man über unseren Film in Buenos Aires schreibt ...‹

Er reichte mir ein Exemplar von *La Nación*. Ich las:

CUESTA ABAJO:
ERLÄUTERUNG EINES TANGOS

Gardel glänzt in der Verfilmung seiner Lieder.

Wie andere Filme auch, in denen Carlos Gardel mitspielt, wurde Cuesta abajo, *diese gestern im Kino Monumental uraufgeführte spanischsprachige Produktion der Paramount, einzig gedreht, um den berühmten Tangosänger in Szene zu setzen. Und in der Tat glänzt er als Sänger, der ausdrucksvoller denn je zu singen scheint, und nicht als Schauspieler, denn ein solcher ist er nie oder nur in geringem Maße gewesen. Alles ist seiner Erscheinung, seiner Inszenierung, untergeordnet; Geist und Machart des Films entsprechen auf bildlicher Ebene den Tangos, die Gardel zu singen pflegt. Dieser Eindruck, den man von der ersten Szene an gewinnt und der sich im Laufe des Films verfestigt, bestätigt sich endgültig, sobald man einen dieser Tangos hört (vor allem* Cuesta abajo*). Dies beweist, dass die Filmhandlung nichts anderes als ein bloßer Kommentar, eine Anmerkung zur Musik ist. Das bedeutet natürlich, dass die Handlung an sich sehr dürftig ist. Sie soll hier in wenigen Zeilen anhand ihrer Charaktere zusammengefasst werden: der junge Mann aus der studentischen Bohème; die verdorbene Frau, die ihn, ohne dass sie ihn lieben würde oder nur, weil sie auf ihr eigenes Vergnügen aus ist, in ihr Milieu hineinzieht und abhängig von sich macht; das brave Mädchen mit den reinen, edlen Gefühlen, das auf die Rückkehr des Geliebten wartet, den sie trotz aller schwierigen Momente für ehrlich und anständig hält; und schließlich der Freund, der gute Ratschläge liefert – und mit ihnen die dürftige Moral. Der junge Mann und die ruchlose Frau ziehen* gemeinsam um die Welt, bis nach New York, obwohl er weiß, dass sie ihn betrügt, und sie nicht einmal zögert, dies auch zuzugeben. Eines Tages überrascht er sie in einem Café in Brooklyn, als sie gerade einem Liebhaber Geld überreicht, und gerät in rasenden Zorn. Er ist kurz davor, sie zu töten; zu seinem Glück tritt der Freund dazwischen, den die Vorsehung zu einem Kapitän gemacht und in die entfernte Stadt am Hudson River geschickt hat und der ihn jetzt am Arm festhält. Der Held der Geschichte kehrt nach Buenos Aires zurück, mit dem festen Vorsatz, die alte Liebe zu dem braven Mädchen wiederaufleben zu lassen, das niemals aufgehört hat, an ihn zu glauben ... Man fragt sich, ob es wirklich der Mühe wert war, das Drehbuch eines Argentiniers in hochentwickelten ausländischen Filmstudios zu verfilmen, nur um ein solch bescheidenes Werk zustande zu bringen, wurden doch bei uns zu Hause bereits zahlreiche sympathische Demonstrationen von höchstem Edelmut und Gefühl mit weit bescheideneren technischen Mitteln auf die Leinwand gebracht und vom Publikum mit viel Applaus bedacht. Genauso fragt man sich, warum sich die Beteiligten keine Gedanken über die Verantwortung gemacht haben, die ein Verleih dieses Films in der ganzen Welt durch eine amerikanische Firma von der Größe der Paramount Pictures bedeutet. Schließlich haben argentinische Schauspieler und Autoren, von denen man annehmen sollte, dass sie die Realität reflektieren, an diesem Film mitgewirkt. Die gleichen Beobachtungen ließen sich natürlich auch bei der Betrachtung von Espérame machen, einem weiteren Film Gardels.

Aber vielleicht gehen diese kritischen Anmerkungen zu weit, denn Cuesta abajo wurde mit der Absicht gedreht, die Figur von Carlos Gardel hervorzuheben, und nach dem offensichtlichen Interesse des Publikums zu urteilen, ist dies auch gelungen. Mit gefühlvoller, sonorer Stimme (die am Rande bemerkt auch in bewundernswerter technischer Qualität aufgezeichnet wurde) singt er verschiedene Lieder, die sicher bald sehr populär sein werden. Aus ihnen stechen der bereits genannte Tango, zudem Mi Buenos Aires querido und die kreolische Volksweise Criollita, decí que sí *hervor. Mona Maris (im Ganzen recht gut, hin und wieder jedoch etwas übertrieben), Anita Campillo (anständig) und Manuel Peluffo (überraschend, mit welch natürlichem Zynismus er den Part des bezahlten Liebhabers gibt) vervollständigen die Liste der Schauspieler. Vicente Padula haben wir uns bewusst bis zum Schluss des Artikels aufgespart. Er liefert die würdigste, besonnenste, ehrlichste Leistung von allen und beweist, was für ein großartiges Potential in ihm steckt, ein Potential, das darauf wartet, für Besseres eingesetzt zu werden.*

Der Franzose Louis Gasnier führte sehr zurückhaltend Regie, allerdings mit einem auf die Dauer etwas störenden Beharren auf der Nahaufnahme bei Gardels Gesangsszenen; Handlung und Dialoge stammen aus der Feder von Alfredo Le Pera; die musikalische Leitung war Alberto Castellanos unterstellt.

»Was er schreibt, stimmt. Ich habe kein Recht, beleidigt zu sein«, dachte Le Pera und zog sich trübsinnig in eine Bar zurück. »Ich verkaufe mich nicht, ich vermiete mich nur«, gab er in jener Nacht der Schauspielerin zu verstehen, die er mit auf sein Zimmer geschleppt hatte. Das Mädchen lächelte, ohne dass sie überhaupt etwas von dem verstanden hätte, was dieser Argentinier ihr da erzählte. Sie dachte, es sei die Sprache, die sie trennte, und nicht die unheilbare Traurigkeit dieses Mannes. Wie jemand, der ein Ritual ausführt, zog sie sich aus, und er spürte, dass dies der Anfang des Romans sein könnte, den er nie schreiben würde: der Roman eines in New York gestrandeten Argentiniers, der sich mit einer nackten Frau und einer Flasche Whisky in einem schäbigen Zimmer aufhielt.

»Nein, ich habe diesen Roman nicht geschrieben. Ich habe mich vergeblich bemüht, den von mir bewunderten amerikanischen Schriftstellern nachzueifern. Ich habe versucht, auf Englisch zu schreiben, ihren Tonfall zu imitieren, die Stimmen der Metropole. Ich liebe New York. Und wie ein billiger Zuhälter habe ich die Stadt in jedem meiner Filme aufs neue verraten. Ich habe diesen Roman nicht geschrieben; stattdessen schrieb ich den Text eines Foxtrotts, den Gardel in *El tango en Broadway* sang, während er die Wolkenkratzer von New York betrachtete. In jener Nacht belog ich mich einmal mehr, dort, mit der nackten Frau und der Flasche Whisky in Reichweite. Ich dachte an die Sequenz mit Gardel und den blonden Frauen in New York. Er betrachtete die hübschen Mädchen, die auf der Suche nach Arbeit Schlange standen. Plötzlich fuhr Gardel mit seinem Zeigefinger über die Münder der Mädchen, legte ihn an seine Lippen und sagte: ›Sie schmecken nach Sirup.‹ Ich schämte mich nicht, einen derartigen Unsinn zu schreiben und ihn in seinen Mund zu legen. Ich wurde nicht rot vor Scham. Nein, ich habe weiterhin solches Zeug verfasst, um mir meine Brötchen zu verdienen.

Sie hörte mir nicht mehr zu. Sie war eingeschlafen, müde vom Warten.«

Am folgenden Morgen klopfte ein Junge an die Tür des Apartments, das Gardel im 18. Stock eines in der 48th Street gelegenen Jugendstilgebäudes gemietet hatte, um den Studios näher zu sein. Der Junge sprach englisch und spanisch, da sein Vater, wie er erzählte, Argentinier war. Er hatte ihn geschickt, um Señor Gardel ein Geschenk zu überreichen. »Das ist ein Gaucho, den mein Vater für Sie geschnitzt hat«, sagte der Junge auf Spanisch. Gardel erschrak. Für einen kurzen Augenblick hatte ihn der geschnitzte Gaucho an den Mann aus Tacuarembó erinnert. Doch nur für eine Sekunde. Er dankte dem Jungen für das Geschenk und lud ihn ein, mit ihm zu frühstücken: ein Glas Milch und Pudding. Während sie am Tisch saßen, erfuhr Gardel, dass der Junge Bandoneon spielte.

»Und was spielst du so, *che*?«

»Von allem ein bisschen: etwas Jazz, *valses* und ab und zu einen Tango.«

»Sehr gut. Welche Musik magst du am liebsten?«

»Gershwin. Und Cab Calloway, mein Herr …«

»Alles Amis!«, rief Gardel aus und lachte. »Einem schönen Tangomusiker bin ich da begegnet!«

Wütend entgegnete der Junge:

»Ich bin so gut wie hier geboren, Señor! Mein Vater ist Tangomusiker, ich nicht!«

»Schon gut, nur die Ruhe!«, beschwichtigte ihn Gardel. Er sieht aus wie ein richtiger Bengel aus Buenos Aires und benimmt sich auch so, dachte er amüsiert. Dann fragte er in versöhnlichem Ton:

»Sag mal, *che*, hast du Lust, in einem Film mitzuspielen?«

»Ich … ich weiß nicht.«

»Was willst du später einmal werden, wenn du groß bist?«

»Ein Boxer, Mister.«

»Meinst du das im Ernst?«

»Na klar! Ich habe bei Tony Canzoneri boxen gelernt, dem Exchampion. Einmal bin ich sogar in den Ring gestiegen, um mit Jack Lamota, dem Weltmeister, zu boxen …«

»Und wie war's?«

»Ein Schlag, und ich lag am Boden!«, gestand der Junge und brach in schallendes Gelächter aus. Aber diese Lehrstunde habe ihm viel gebracht, sagte er, vor allem, wenn er den Jungs aus der 9th Street oder denen aus der 42nd über den Weg lief, die sich ständig prügeln wollten.

»Baseball mag ich auch, Mister. Und Stepptanz«, fügte er etwas verschämt hinzu.

»Du bist ja ein richtiger Künstler!«, bemerkte Gardel.

»Ich tu so, als ob ich einer wäre«, erklärte der Junge. »Mein Freund Willy und ich sind Schuhputzer. Na ja, er putzt … Ich spiele Mundharmonika und steppe, um Kunden anzulocken …«

»Hab ich's nicht gesagt? Du bist ein Künstler! Also, wenn du mit mir beim Film arbeiten willst, kann ich dir eine kleine Rolle anbieten: Du kannst einen Zeitungsjungen spielen …«

»Und was muss ich da machen?«

»Du verkaufst Zeitungen, Kleiner!«

»Ich weiß, wie man das macht, Don«, prahlte der Junge.

»Sagen Sie mal, wie heißt der Film überhaupt?«

»*El día que me quieras.*«

»Wenn das mein Vater hört. Er glaubt bestimmt, ich erzähle Märchen ... Ich muss ihn erst um Erlaubnis fragen.«

»Kein Problem, Junge. Komm morgen vorbei, zur selben Uhrzeit wie heute. Und vergiss nicht, dein Bandoneon mitzubringen ...«

»Das war unsere erste Begegnung«, erzählt uns Astor Piazzolla im Café. »Am nächsten Tag habe ich mir das Haar mit Pomade zurückgekämmt, wie ein Tangosänger. In Gardels Wohnung nahm ich das Bandoneon aus dem Koffer, legte es auf meine Knie und begann Gershwins *Rhapsody in Blue* zu spielen.

›Spiel irgendwas Einheimisches, Junge‹, bat mich Gardel.

Ich spielte die Zamba *Claveles mendocinos*. Und danach eine Ranchera, *La Bolichera*, die ich etwas feierlicher, im Stil des Jazz, vortrug. Zum Schluss, um den Sänger nicht zu kränken, wagte ich mich an einen Tango. Da sagte Gardel einen Satz, der Geschichte machen sollte:

›Kleiner, du spielst Tango wie ein Spanier!‹

Ich war nicht sonderlich beleidigt. Vielleicht hatte er ja Recht. Ich wünschte, er könnte mich heute spielen hören.

Na klar, inzwischen bin ich ein anderer. Aber damals war ich nichts weiter als ein kleiner Junge, der Gardel durch New York begleitete und der Drossel als Dolmetscher diente, wenn sie einkaufen ging und sich mit Hemden, Schuhen und Krawatten eindeckte. Mittags sind wir immer in das italienische Restaurant gegangen, manchmal allein, manchmal mit Mona Maris.«

Der dünne Anselmo Aieta, Bandoneonspieler und Spanischlehrer an einer Abendschule, ein Virtuose an seinem Instrument und Meister sprachlicher Finessen, diskutierte mit Astor über die zeitgenössische Musik und mit mir über die Poesie der Tangotexte. Von allen Filmen der Drossel bevorzugte der Professor, wie er im Café genannt wurde, *El día que me quieras*. Es war im Übrigen auch Gardels Lieblingsfilm.

»Und das ist kein Zufall, meine Herren: Dieser von Reinhardt im Januar 1935 in gerade einmal achtzehn Tagen gedrehte Film ist eine perfekte Synthese von Schauspielkunst, Musik und Text. Denken Sie nur an das Rezitativ am Anfang … Reine modernistische Gespreiztheit! Aber sie passt zu dem gesungenen Text. Nur Gardel konnte solche Bilder und Metaphern glaubhaft vermitteln und ihnen eine *theatralische* Intention geben. Weniger geglückt ist die Rumba *Sol tropical*, die man möglichst schnell vergessen sollte. Viel überzeugender dagegen: das melancholische Volkslied *Guitarra, guitarra mía* und die Tangos *Sus ojos se cerraron* und *Volver*, deren Texte zum kollektiven Gedächtnis eines jeden Argentiniers gehören.«

Edmundo Guibourg erinnerte daran, dass man damals sehr schnell drehte, sodass Gardel kaum Zeit blieb, seinen Smoking für den nächsten Film zu wechseln. Im Februar arbeitete er bereits an *Tango Bar*. Regie führte erneut John Reinhardt. Die Handlung war wie in den Filmen zuvor der Darstellung des Sängers untergeordnet und der Inhalt ziemlich schwach: Ein junger Mann verliert sein gesamtes Vermögen auf der Pferderennbahn und reist mit der Absicht nach Spanien, dort eine Kneipe zu eröffnen, die Tango Bar. Auf dem Dampfer verliebt er sich in eine Schauspielerin, die von einem kriminellen Mann erpresst wird und die der junge Held schließlich rettet, indem er das Geld für sie auftreibt. »Ein tangohaftes Gleichnis in einem Tangofilm«, meinte Guibourg.

Für den Kritiker und Drehbuchautoren César Tiempo war der Film dagegen durchaus von Interesse:

»Es gibt darin eine denkwürdige Szene, in der Gardel einen Orión-Hut trägt und aussieht wie ein leicht verruchter Gigolo. Im Film singt Gardel den Tango *Por una cabeza*, in dem an einer Stelle eine verlorene Frau mit einem Rennpferd verglichen wird. Immer wenn dieser Moment kommt, mache ich mir meinen eigenen Film im Kopf«, erklärte César Tiempo. »Ich stelle mir die Frau und das edle Pferd abwechselnd in Nahaufnahme und Totale vor; wie sie ihrem eigenen Wahnsinn hinterherrennen …«

»Das ist Ketzerei!«, beschwert sich der Tuco Frías, konservativ wie immer.

»Ich fasse Ihre wütende Entgegnung als Lob auf. Und werde noch eine weitere Blasphemie zum Besten geben: Je mehr Gardel Einwanderer ist, desto mehr ist er Argentinier. Genau wie ich, Tuco, genau wie ich! Können Sie sich an die Szene erinnern, wo er *Lejana tierra mía* und die Jota *Los ojos de mi moza* singt? Das ist der Moment, in dem der Protagonist auf die Einwanderer in der dritten Klasse trifft. Man hat den Eindruck, es wäre Gardel selbst, der auf den Dampfer seiner Kindheit zurückkehrt.

Ich sehe ihn noch vor mir, höre seine Worte:

›Entschuldigen Sie meine Kleidung. Wissen Sie … Niemand ist mehr wert, nur weil er besser gekleidet ist, manchmal sind Geld und Schmuck nur eine Maske, eine Falle.‹

Ist er nicht genau wie wir?«, fragt sich César Tiempo laut.

Als wir das Café verlassen, vertraut mir Astor an, er wolle eine Oper über das Leben von Carlos Gardel schreiben. Sie müsse mit seinem Tod beginnen, 1935. In dem Jahr drehte Gardel einen Film mit verschiedenen anderen großen Stars, einen seltsamen Film, in dem Bing Crosby, Jack Oakie, das Orchester von Ray Noble und die Wiener Sängerknaben auftreten.

»Gardel hatte es geschafft«, erzählt Astor Piazzolla. »Er stand ganz oben in der Rangliste des Ruhmes. Der Film hieß *The Big Broadcast 1935*. Gardel befand sich auf dem Zenit seiner Karriere. Ich würde gerne im Stil von Gershwin an diesen Moment erinnern, verschiedene Rhythmen mischen, die wilde Zeit in New York und die Welt zeigen, in der Gardel in seinen letzten Jahren lebte. Als Sänger beneidete er Bing Crosby und Maurice Chevalier um ihre Vielseitigkeit, vor allem Letzteren, der ein großartiger Schauspieler war. Genau wie Gardel lief Chevalier mit einem ewigen Lächeln umher, doch seine Maske war geschmeidiger als die des Sängers; sie wirkte spontaner. Natürlich ist der Ruhm nur eine Illusion, mein Freund, eine Maske, eine Falle«, sagt Astor, während wir durch die Straßen laufen und über Gardel und die Zeit, in der wir leben, sprechen. Manchmal fühlen wir uns wie Schiffbrüchige, wie Ausländer, wie Ausgestoßene. Astor und ich lieben den Tango, den Jazz, den zeitgenössischen Tanz. Er will eine Oper über Gardel schreiben, und in der *Sinfonía Buenos Aires* will er Streicher, Holz- und Blechbläser mit Bandoneons und Handtrommeln vereinen. »Wir sind eben gottlos«, sagt Piazzolla. »Gestern habe ich von Gardel und dem Jungen geträumt, der ich damals war. Ich war wieder in New York und riet Gardel, in der Stadt zu bleiben und nicht das Flugzeug zu nehmen, mit dem er in den Tod fliegen würde. Als ich aufwachte, realisierte ich, dass New York und das Jahr 1935 bereits in weiter Ferne lagen.«

Eines Nachts im Jahr 1935 stieß Carlos Gardel in einer dunklen, verschneiten Straße in New York auf eine Gruppe von Latinos, die sich gerade in einem Kino einen seiner Filme angesehen hatten. Keiner von ihnen erkannte ihn. Gardel hatte den Kragen seines Mantels hochgeschlagen. In diesem Moment war er genauso anonym wie die Besucher des Kinos. Einer von ihnen imitierte ihn, sang wie er. Er spürte, dass er sein Leben auf der Leinwand zurückgelassen hatte und der Moment, den er gerade erlebte, nichts anderes als die Sequenz eines Traumes war. In einer der verschneiten Straßen glaubte er den Jungen zu sehen. Er saß auf einer Kiste und spielte Bandoneon wie ein Spanier. Eine Sekunde später verkaufte der Junge Zeitungen in der Calle Corrientes in Buenos Aires. »Eine *Crítica* bitte«, sagte der Sänger, ohne zu begreifen, dass er noch immer in New York war. Auf der ersten Seite der Zeitung war zu lesen:

GARDEL GESTORBEN

Tagelang bemühte er sich vergeblich, diese düstere Vision zu verdrängen. Aus Furcht, für verrückt erklärt zu werden, sprach er mit niemandem darüber. »Nicht dass die Amis noch glauben, ich sei neurasthenisch, und die Verträge auflösen.« Die Einzige, der er von seinen Ängsten erzählt hätte, war Mona Maris, doch zu jener Zeit weilte sie nicht in New York. Gardel suchte verschiedene Unternehmer auf, um mit ihnen über die Details seiner Tournee durch Puerto Rico, Venezuela und Kolumbien zu sprechen. Ziellos irrte er durch die Straßen, als wollte er sich der Vision, die er gehabt hatte, trotzig entgegenstellen. Es war bereits Abend, als er das Hotel erreichte, in dem Estrella Rigel wohnte.

»Ich werde verreisen, meine Kleine«, teilte er ihr mit.

»Warum nimmst du mich nicht mit?«

»Ich reise ins Jenseits«, antwortete er halb im Scherz.

Die Nacht des Bisons

Während der Schiffsreise nach Puerto Rico verbrachte Gardel die meiste Zeit eingeschlossen in seiner Kabine. Eines Nachts schreckte ihn ein lautes Pfeifen und der Lärm von Schritten auf dem Deck auf. Er hörte einen Schuss. Der Sänger stürzte aus seiner Kabine und sah einen verwundeten Mann, der von zwei Matrosen gestützt wurde. »Ein blinder Passagier, ein Terrorist«, informierte ihn ein Schiffsoffizier. Er erklärte ihm, dass es sich um einen Puertoricaner handele, einen Agitator und »Feind der Vereinigten Staaten«. Der Mann wurde halbnackt abgeführt.

»Schlimme Zeiten«, kommentierte der Offizier.

Gardel kehrte in seine Kabine zurück, trank ein Glas Milch und schlief wieder ein. Er träumte davon, in Buenos Aires zu sein.

Le Pera dagegen konnte in dieser Nacht kein Auge zutun. Er hatte erfahren, dass der verhaftete Mann ein Dichter war, jemand, der das Spiel der Metaphern aufgegeben hatte, um sich dem Kampf seiner Landsleute anzuschließen. Sein weiteres Schicksal war ungewiss. Wahrscheinlich würde er einen Großteil seines Lebens in einer Gefängniszelle verbringen oder gleich an die Wand gestellt und erschossen werden.

»Das sind gemeingefährliche Leute«, hatte der Offizier gesagt.

»Warum lässt sich ein gebildeter Mensch auch mit solchen Verbrechern ein?«, hatte sich ein anderer Passagier, ein ehemaliger Kommilitone des Verhafteten, laut gefragt.

Für einen Moment beneidete Le Pera diesen Unbekannten um sein Schicksal. Er musste kein Werk mehr erschaffen, um sich vor aller Welt zu rechtfertigen. Sein Kampf war die Rechtfertigung seiner Existenz. Er selbst dagegen war sich noch immer eine Erklärung schuldig, warum er seinen Jugendtraum, ein Schriftsteller zu werden, verraten hatte. »Ich hätte auf niemanden hören sollen«, dachte er. Vielleicht, mit etwas Glück, hätte er ein Schriftsteller und Theaterautor wie Pirandello werden können. Als Gardel sie miteinander bekannt gemacht hatte, hatte er sich nicht einmal getraut, Pirandello zu gestehen, wie sehr er ihn bewunderte, aus Furcht, es könnte allzu anbiedernd klingen. Der italienische Schriftsteller hatte ihn kaum beachtet (zumindest glaubte er das) und seine Unterhaltung mit Gardel fortgesetzt, als würde Le Pera gar nicht existieren.

»In der Freundschaft werden die offenen Rechnungen am Ende beglichen, genau wie in der Liebe«, philosophierte José María Aguilar am Cafétisch. Als sie Puerto Rico erreichten, teilte Le Pera Gardel mit, dass er sich von ihm trennen werde. »Sie haben erbittert diskutiert, meine Herren. Irgendein böswilliger Dummkopf hat sogar behauptet, dass sie sich wie ein Ehepaar gestritten hätten.« Guibourg meinte, Le Pera sei wie alle Intellektuellen ein ewig Unzufriedener gewesen. »Geld zu verdienen reichte ihm nicht. Er wollte mehr. Er wollte wissen, warum er auf der Welt war.« »Das rechtfertigt aber noch lange nicht die lächerliche Behauptung, dass Le Pera seinen Freund töten wollte. Angeblich soll er im Flugzeug einen Revolver gezückt haben, worauf ein Schuss den Piloten traf. So ein Blödsinn. Ich habe den Streit selbst miterlebt, aber auch, wie sich der Sänger und sein Schreiber wieder versöhnt haben«, entgegnete Aguilar.

»Ich erinnere mich noch an die ausgelassene Stimmung, als wir am 25. April 1935 in Venezuela ankamen«, schrieb Alfredo Le Pera in sein Tagebuch. »Das Motorschiff *Lara* lief im Hafen von La Guayra ein. Es war wie eine Apotheose. Eine gewaltige Menschenmasse erwartete Gardel. Es gibt Momente, in denen der Erfolg einem Rausch gleicht, in denen man zu schweben glaubt. Dies war so ein Tag für Gardel. Wir verbrachten ein paar Stunden dort, dann nahmen wir den Zug nach Caracas … Und wieder dieser Rausch! Ein Taumel, der acht Tage anhielt und sich danach in anderen Städten fortsetzte: in Valencia, Maracaibo und Cabinas. Trotz des Jubels (oder vielleicht, weil er nicht mir galt) spürte ich, dass mir das Schicksal einen üblen Streich spielte, denn wäre ich ein ernsthafter Schriftsteller gewesen, ein großer Romanautor, hätte ich von unseren Erlebnissen erzählen können. In Cabinas (einer vom Erdöl lebenden Ortschaft) war Gardel zu einem wahren Gott aufgestiegen. Die vorwiegend schwarzen Frauen und Männer umringten den Sänger, berührten ihn und redeten auf Papiamento (dieser sonderbaren Mischung aus Spanisch, Holländisch und Englisch) auf ihn ein. Ich konnte ihre leidenschaftliche Erregung geradezu spüren, aber um sie zu beschreiben, um sie in Literatur zu fassen, hätte ich dort bleiben müssen. Ich stellte mir vor, Conrads Spuren zu folgen oder denen von Traven in Mexiko, wo er in Einklang mit den Indios lebte. Ein anderer sein. Von vorn beginnen. Aber mir fehlte die Kraft, ich konnte es nicht. Das ist alles.«

In Caracas verursachte Gardels Anwesenheit den einen oder anderen Aufruhr. Es gab spontane Demonstrationen, die von der Polizei aufgelöst wurden. Zwölf Tage lang war Gardel der Auslöser oder der Vorwand für scheinbar unerklärliche Gewalttaten: Einmal wurde Le Pera durch einen Säbelhieb verletzt, ein anderes Mal schlitzte man das Verdeck von Gardels Wagen auf. »Eines Nachmittags besuchte uns ein sehr gebildeter, höflicher junger Mann im Hotel Majestic und erklärte uns, in welcher Lage sich sein Land gerade befand«, erzählte José María Aguilar im Café.

Der Mann trug einen feinen Anzug, dazu einen Panama-hut. Gardel glaubte, er stehe vor einem Modell von Gath & Chaves. »Ein tadelloser Junge«, meinte er, nachdem er sich die Argumente des Mannes angehört hatte.

»Zuerst einmal, Señor Gardel, möchte ich Sie für die Unannehmlichkeiten, die man Ihnen bereitet hat, um Ent-schuldigung bitten. Ich weiß, dass es nicht die Schuld unseres Volkes ist (das Sie verehrt, wie Sie sicherlich festgestellt haben werden), sondern der tyrannischen Regierung, unter der unser Land leidet.«

»Verzeihung, junger Mann, aber mit Politik habe ich nichts am Hut. Erst recht nicht im Ausland …«

»Alles ist Politik, mein Herr. Lateinamerika ist eins, und eines Tages wird es die *Patria Grande* sein, von der Bolívar gesprochen hat.«

»Ich weiß nicht, worauf Sie hinauswollen, junger Mann … Was habe ich damit zu schaffen?«

»Sehr viel, Señor! Wir haben erfahren, dass der Diktator Gómez, das ›Bison‹, Sie in seine Residenz einladen will.«

»Und was soll ich Ihrer Meinung nach tun?«

»Hingehen natürlich. Und auftreten. Für ihn und seine Freunde singen, worum man Sie bestimmt bitten wird. *Wir* werden nichts unternehmen, um das zu verhindern, mein Herr. Nur eins: Wir würden uns freuen, mit einer kleinen Spende rechnen zu können, mit einem kleinen Teil des Geldes, das Ihnen das Bison für Ihre Dienste zahlen wird.«

Gardel konnte nicht glauben, was er da hörte. Dieser so elegante, wohlerzogene junge Mann war ein Guerillero. Der Gesandte wartete die Antwort des Sängers nicht ab. Bevor er ging, reichte er Gardel die Hand und sagte:

»Vielen Dank, dass Sie mich angehört haben.«

Am folgenden Tag erschien ein Offizier der Leibgarde des Diktators Juan Vicente Gómez, alias das Bison, im Hotel Majestic und erkundigte sich nach dem argentinischen Gast. Genau wie der junge Mann am Vortag angekündigt hatte, überbrachte der Vertraute des Diktators Gardel die Einladung des *Señor Presidente*, ihn in seiner Residenz in Maracay zu besuchen. Er wünsche, dass er dort für ihn und seine Freunde singe.

»Seine Exzellenz würde sich außerordentlich freuen, Sie bei seinem Fest begrüßen zu dürfen«, teilte ihm der Offizier mit.

»Ich werde kommen, Señor«, antwortete Gardel mit seinem ewigen Lächeln.

»Warum lächelt er bloß ständig?«, fragte sich Le Pera. »Ich habe ihm schon tausendmal gesagt, er soll nicht übertreiben mit diesem spöttischen Lächeln, das er für so wahnsinnig vornehm hält. Sonst wird es ihm noch zu einer Grimasse gefrieren.« Aber er hatte keine Lust mehr, weiter mit Gardel zu streiten. Er war es leid, Ratschläge zu wiederholen, die der Sänger letztlich doch alle in den Wind schlug. Sie stiegen in ein Auto, das sie nach Maracay brachte. Gardel schien guter Laune zu sein. Sie fuhren in einem offiziellen Wagen, mit Chauffeur und Beifahrer. Beide Männer waren bewaffnet. »Wir hätten verschwinden sollen«, dachte Le Pera. Er blickte zur Seite und meinte den jungen Mann, der sie im Majestic besucht hatte, auf einem Fahrrad zu erkennen.

Noch bevor der Wagen hielt, hörten sie Musik aus der Residenz des Bisons dringen. Ein Orchester spielte zu Ehren der argentinischen Gäste die Rumba *Sol tropical*.

»Sehr aufmerksam«, bemerkte Gardel.

Le Pera ersparte sich einen Kommentar.

Der persönliche Sekretär des Bisons eilte herbei, um sie zu begrüßen. Sie stiegen eine große Freitreppe hinauf, und als sie zur Tür gelangten, hörten sie die Stimme von Gómez, der sie willkommen hieß.

Das Bison war der unbestrittene Mittelpunkt des Festes. Um ihn herum bejubelte ein Gefolge von Schmeichlern jede seiner Äußerungen und beeilte sich ohne Unterlass, die Erfolge des Diktators und die seiner Freunde in den Himmel zu loben. Ein nicaraguanischer Offizier erzählte, wie sie 1934 Augusto César Sandino getötet hatten. »Ist der Hund tot, verschwindet auch die Tollwut!«, schloss er seine Erzählung. Etwas später rief der Diktator den Sänger zu sich und reichte ihm ein Glas, um mit ihm anzustoßen. Er behandelte ihn, als wäre er einer der Seinen, ein enger Vertrauter. »Ich habe viele Freunde in Südamerika«, sagte er, bevor er ihn den Militärattachés von Peru und Bolivien vorstellte, die mit ihren Geliebten gekommen waren. Das Bison selbst hatte einen regelrechten Harem um sich geschart: eine hübsche Chilenin, eine paraguayische Sängerin und eine schwarze Tänzerin aus Jamaika. Ohne dass er eine der Frauen bevorzugt hätte, verteilte er Lächeln und Klapse unter seinem weiblichen Gefolge. »Ein sehr gerechter Sultan«, sagte einer der Gäste ironisch. Natürlich handelte es sich bei dem Spielverderber um einen der Intellektuellen, die auf der Lohnliste des Bisons standen und ihre Gelehrigkeit gegen ein Stipendium in Paris eingetauscht hatten. Le Pera empfand Ekel, während Gardel ganz in seinem Element schien. Er saß am Tisch der Ehrengäste und strahlte das Bison und die sich um ihn drängenden Frauen an. Etwas später bildeten sich die ersten Paare, und der Tanz begann. Im Taumel der Nacht drehten sich die Körper auf der Tanzfläche im Salon des Diktators, des Hausherrn und Gastgebers.

Das Bison bat seine Gäste um Ruhe, denn nun würde Gardel singen.

»Mit Ihrer Erlaubnis, Exzellenz«, antwortete die Drossel, »möchte ich Ihnen das folgende Lied widmen: *Pobre gallo bataraz.*«

Der Diktator fühlte sich sichtlich geschmeichelt. Er besaß mehr als einhundert Kampfhähne auf seinem Anwesen. Le Pera dachte an die seltsame Leidenschaft der Diktatoren und Caudillos für diesen grausamen »Sport«, bei dem man zwei Tieren dabei zusieht, wie sie sich gegenseitig auf dem Hahnenkampfplatz zerfetzen. »Ein sehr kreolischer Sport«, sagte er sich voller Ironie und empfand Trauer darüber, Teil dieser Welt zu sein.

»Es wäre ein wunderbarer Augenblick, das Bison zu töten«, wagte er zu denken. Natürlich würde er es nicht tun. Wie so oft im Leben fehlte ihm der Mut.

Leiden eines Tangoautors

»Und deshalb kann man die Möglichkeit ausschließen, dass Le Pera an jenem tragischen Nachmittag auf Gardel geschossen und den Piloten Ernesto Samper verletzt hat«, folgerte José María Aguilar in der Kaffeehausrunde.

»Er hat Recht. Le Pera war ein Intellektueller, jemand, der die Gewalt in sich unterdrückte«, stimmte ihm Guibourg zu.

»Viele haben Gardel dafür kritisiert, dass er Geld vom Bison angenommen hat«, bemerkte José María Aguilar. »Was sie allerdings nicht wissen, ist, wohin das Geld geflossen ist. Darüber hat bisher niemand gesprochen.«

Wie jedes Mal, wenn er ein weiteres Geheimnis jener Reise preisgab, machte Aguilar eine bedeutsame Pause. Dann fuhr er fort:

»Von Venezuela sind wir nach Kolumbien gereist, in einem Flugzeug, das in Curaçao zwischenlandete. Dort hat Gardel das Geld einer Gruppe von Exilvenezolanern für ihren Kampf gegen den Diktator überreicht. *A tout seigneur, tout honneur*, wie die Franzosen zu sagen pflegen.«

»Dieses Geld hat mir die Hände verbrannt«, gestand Gardel Le Pera.

»Was du gemacht hast, war richtig. Als du vor dem Diktator gesungen hast, hatte ich die absurde Idee, ihn zu töten.«

»Bist du völlig übergeschnappt, *che*? Seit wann willst du den Helden spielen?«

»Es war nur ein winziger Moment des Wahnsinns, eine völlig schwachsinnige Idee, etwas, was ich nie gewagt hätte.«

»Mit Dichtern, die ihre Nase in die Politik stecken, nimmt es kein gutes Ende, Alfredo.«

»Da hast du Recht«, pflichtete ihm Le Pera bei und erinnerte sich an den peruanischen Dichter Santos Chocano, der in einer Straßenbahn in Lima erschossen wurde, nur weil er sich in die Politik seines Landes eingemischt hatte.

»Was meinst du, Bruder? Letzten Endes geht es uns nicht ganz so schlecht, oder?«

»Natürlich nicht! Aber es geht mir nicht ums Geld, Carlos, nicht einmal um dieses Missverständnis, das sich Ruhm nennt. Es ist nur so, dass für mich der Moment gekommen ist, wo ich mich endlich entscheiden muss, was ich im Leben wirklich machen will.«

»Und was willst du machen?«

»Schreiben.«

»Machst du das nicht die ganze Zeit?«

»Ich möchte etwas anderes schreiben …«

»Hör zu, *che*: Quäl dich nicht länger! Wenn du den ganzen Kram hinschmeißen willst, wenn du das Geschäft aufgeben willst, kein Problem, ich hindere dich nicht daran, Alfredo. Aber du machst einen Fehler.«

Der Schreiber wusste, dass sich ihre Reise dem Ende näherte. Er hatte Gardel auf dem letzten Stück seines Weges begleitet, dem vielleicht erfolgreichsten seiner Karriere. Le Pera bereute es nicht, aber jetzt wollte er seine eigenen Wege gehen. Er überlegte zu ›desertieren‹, Gardel zu verlassen. Er wollte die Stadt und den Tango vergessen. Er wollte ein anderer sein. Aber im selben Moment wusste er, es war nur eine Illusion.

Von Medellín nach Floresta, Gitarrensolo

»Niemand kann sein Ende vorhersehen«, sprach der Mann, der von allen nur der Verbrannte genannt wurde und der sich an jenem Nachmittag unserer Kaffeehausrunde angeschlossen hatte. Er war gekommen, um uns das Ende der Geschichte zu erzählen, das, was am 24. Juni 1935 auf dem Flugplatz Olaya Herrera geschehen war, an jenem heißen Nachmittag, an dem Gardel starb. Er erzählte uns, was er jahrelang aus Scham verschwiegen hatte: von einem geheimnisvollen Mann auf dem Rollfeld, einem als Gaucho gekleideten Typen mit einer Gitarre, der einen schwarzen Poncho trug. »Als er ihn sah, begann Gardel zu zittern. Es war unerträglich heiß, und Gardel wischte sich mit einem Taschentuch über das Gesicht. Er zitterte, habe ich gesagt, aber vielleicht war es auch nur das Vibrieren seines Körpers, verursacht von der holprigen Piste.« Der Gitarrist mit den verbrannten Händen schwieg. Er suchte in seinen Taschen und zog einen Zeitungsartikel hervor, der im Juni 1935 in Buenos Aires erschienen war. *GARDEL GESTORBEN*, lautete die Überschrift. Der Artikel berichtete detailliert über den Unfall und enthielt eine komplette Passagierliste: Gardel, Le Pera, die Gitarristen José María Agilar, Guillermo Barbieri, der Pilot Ernesto Samper, der Funker Willis Foster und andere Personen, die laut Aguilar Geschäftsleute und Angestellte von Gardel waren: Celedonio Palacios, Henry Swartz, José Carpas Moreno, Alfonso Azzaf. »Einen Namen habe ich mir bis zum Schluss aufgehoben, meine Herren, denn er gehört einem anderen Überlebenden: Señor José Plaja, Gardels Englischlehrer. Er ist noch am Leben und kann Ihnen meine Worte bestätigen. Er war dabei.

Und genau so, wie ich Sie hier vor mir sehe, hat er den Mann mit dem schwarzen Poncho gesehen, der jenen Nachmittag in Trauer hüllte.«

José María Aguilar erzählte, der Mann sei wie aus dem Nichts aufgetaucht, eine Sekunde, bevor die beiden Flugzeuge zusammenstießen und das Feuer ausbrach. »Drei Passagiere haben ihn gesehen: Plaja, ich und Grant Flyn, der sich im anderen Flugzeug befand. Vielleicht ist seine Aussage die wichtigste. Er war der Einzige, der den Unfall so gut wie unversehrt überstanden hat. Im Moment, als sein Flugzeug abheben wollte, stand Flyn an der offenen Tür. Da erblickte er den Mann aus Tacuarembó (er hatte noch nie zuvor einen Gaucho gesehen) und begriff, was geschehen würde. Ohne lange nachzudenken, warf er sich auf die Piste. Er war der Einzige, der den Mann mit dem schwarzen Poncho, den Tod, der an diesem Tag so viele Leben forderte, aus der Nähe gesehen hat.« Aguilar kramt einen weiteren Zeitungsartikel hervor – aus dem *Heraldo de Antioquia* vom 25. Juni 1935 – und liest laut daraus vor: *Die Herren Aguilar, José Plaja, Alfonso Azzaf und Ángel Riverol wurden in die Klinik La Merced eingeliefert, wo sie eine sachkundige Betreuung durch den angesehenen Arzt Dr. Alfonso Castro erfahren.*

»Der Masseur Azzaf starb wenig später. Das mit Riverol ist eine andere Geschichte.«

Während er mit dem Tod rang, träumte er unruhig: Er stand da, groß, schlank, und las noch immer die Postkarte, die ihm Gardel ein Jahr zuvor geschickt hatte, als noch keiner von ihnen ahnte, dass er schon bald sterben würde:

Che, *Dünner, es ist alles erledigt; bereite Dich vor,* den speaker *auf Englisch zu machen. Und vergiss nicht, mir mein Gemüse mitzubringen.*

Salute. Dein Kamerad
Carlos

Nein, Carlos, ich werde es nicht vergessen. Ich bringe dir dein *Gemüse*, deinen Mate, mit. Es ist nicht wahr, dass ich tot bin. Ich werde den *speaker* machen und deine Tangos auf Englisch ansagen. Aber da steht irgend so ein Idiot auf dem Rollfeld. Ein Mann mit schwarzem Poncho. Hol ihn dort weg, Carlitos! Lass nicht zu, dass er mich umbringt!

»Ángel Domingo Riverol ist 48 Stunden später gestorben«, erläutert der Überlebende im Café. »Der Einzige, dem kaum etwas passiert war, war Grant Flyn. Er saß auf einem Hocker und wartete, dass man ihn behandeln würde. Später erzählte er mir, dass ich in einem jämmerlichen Zustand in die Klinik gekommen sei und er schon glaubte, es sei um mich geschehen. Aber zum Glück konnten wir uns ein paar Monate später in aller Ruhe in seinem Haus unterhalten.

›Ich bin ein realistischer Mensch, Aguilar. Ich glaube nicht an Erscheinungen.‹

›Ich auch nicht, Señor. Aber wir beide haben ihn gesehen. Gardel hat oft von diesem Typen geträumt, den er den Mann aus Tacuarembó nannte.‹

›Der Tod‹, brachte es Grant Flyn auf den Punkt.

An jenem Abend hatte ich meine Gitarre dabei. Ich erzählte Flyn, dass der verstorbene Riverol in seiner Zeit als Musiker und Sänger eine Gitarre mit neun Saiten benutzt hatte, um seinem Instrument mehr Ausdruckskraft zu verleihen.

›Bei ihm musste es immer *la yapa* sein‹, sagte ich und übersetzte diesen Ausdruck, der so viel wie *Zugabe, Zuschlag, ein wenig mehr* bedeutete, so gut es ging.

›So wie wir, mein Freund‹, antwortete Grant Flyn, ›auch wir, die Überlebenden, führen ein Leben, das wie eine Zugabe ist.‹

Ich begann, ein trauriges Volkslied auf der Gitarre zu zupfen«, schloss der Überlebende seine Geschichte.

Er kam nie wieder ins Café. Wir hörten, dass er weiterhin Gitarrenunterricht in seinem bescheidenen Haus in Floresta gab. Gardels Gitarrist (und, nicht zu vergessen, der von Corsini und Magaldi), der Virtuose, der seinem Instrument die Klänge einer Mandoline entlocken konnte, hatte sich für immer in sein Viertel zurückgezogen.

In seinem Patio in Floresta überkommt den Verbrannten eine Traurigkeit, die ihm niemand nehmen kann: keine Frau, kein Freund, nicht einmal ein Hund, der ihm über die verbrannten Hände leckt. Er lehnt den Kopf nach hinten, atmet den Duft des heimischen Jasmins ein und spürt, wie ihm die Tränen wie große Regentropfen über das Gesicht rinnen, dieses Gesicht, das er nie wieder im Spiegel betrachten will. »Ein Monster«, sagt er. »Das bin ich, das ist von mir geblieben, nach diesem tragischen Ereignis.« Er wird nie wieder ins Café gehen, er will es einfach nicht. Er hat alles erzählt, was es zu erzählen gibt. Er verstaut die Gitarre im Koffer und geht auf die Straße. Er weiß nicht, was mit ihm geschieht, so als träume er und habe die Orientierung dabei verloren. Und doch schlägt er einen vertrauten Kurs ein. Er überquert eine Straße. Dann noch eine. »Nein, ich gehe nicht ins Café. Ich möchte kein Mitleid erwecken«, sagt er.

Er hat das Auto nicht gesehen.

Er blieb auf dem Pflaster liegen. So als schliefe er. Auf diese Weise zu sterben, ganz in der Nähe seines Hauses, erschien ihm nicht das Schlechteste. Er hörte die Stimmen der Leute, die sich um ihn drängten, voller Neugierde, einen Toten zu sehen. »Er lebt«, sagte jemand. Er schloss die Augen. Er wollte schlafen, sterben, vielleicht auch träumen. Er wusste, dass er die Worte eines anderen wiederholte. In der Ferne ertönte ein Tango aus einem Radio. Und während der Krankenwagen eintraf, begann einer der neugierigen Passanten den Tango mitzupfeifen. »Ich bin ein wandelnder Schatten«, dachte Aguilar und spürte erneut, dass er nur wiederholte, was bereits ein anderer vor ihm gesagt hatte. Etwas in ihm war zerbrochen, so wie bei diesen Aufziehfiguren aus Blech, die in den Schaufenstern der Spielwarengeschäfte zu sehen waren. »Meine Feder ist abgespult«, dachte er auf dem Weg ins Krankenhaus.

»Haben Sie schon gehört? Der Verbrannte ist von einem Auto erwischt worden«, rief ihnen der Kellner im Café zu. »Er liegt im Hospital Álvarez.«

Noch an diesem Tag besuchte ich ihn. Er empfing mich mit dem traurigsten Lächeln der Welt.

»Unkraut vergeht nicht«, sagte der Gitarrist bedrückt. Dann bat er mich, ihm etwas aus dem Metallschrank neben dem Bett zu reichen. Es war ein Stapel Manuskriptseiten, in Zeitungspapier eingewickelt.

»Das hat mir Le Pera gegeben, bevor wir ins Flugzeug gestiegen sind. Ich habe die Papiere in den Gitarrenkoffer gesteckt. Sie haben das Feuer überstanden, genau wie ich. Nehmen Sie sie mit. Vielleicht können Sie eines Tages etwas damit anfangen.«

Aus dem Tagebuch von Alfredo Le Pera
Aruba, 1935

Gestern sind wir auf Aruba gelandet. Ich dachte, dass ich hier auf diesem Flecken Erde bleiben würde. Wie Gauguin in Tahiti. Die Nacht verbrachte ich mit einer Frau in einer Hütte. Ich träumte von einem anderen Schicksal: ein Buch zu schreiben, das mein Leben rechtfertigen würde. Oder besser noch: auf jeglichen Ehrgeiz zu verzichten und zur Natur zurückzukehren, ich selbst sein. Als ich heute am strahlendweißen Strand von Aruba auf das Meer blickte, spürte ich mein nahes Ende. Ich zögerte einen Augenblick, dann entschied ich mich, die Reise mit Gardel fortzusetzen und mit dem Flugzeug nach Medellín zu fliegen. Ich weiß, dass ich Gardel nicht allein lassen kann, dass ich für immer dazu verurteilt bin, sein Schatten zu sein. Und ich weiß auch, dass der Reisende, der flieht, früher oder später innehalten wird.

Nachwort

Wer war Carlos Gardel?

Wer war Carlos Gardel? Worin besteht das Geheimnis dieses Mannes, der auch 75 Jahre nach seinem Tod nichts von seiner Beliebtheit eingebüßt hat? (Er werde »zurückkehren mit welker Stirn, der Schnee der Zeit versilberte mir die Schläfen«, heißt es in *Volver*, einem der berühmtesten Tangos Gardels, gefolgt von: »zwanzig Jahre waren nichts«.) Warum wuchs Gardels Ansehen seit seinem tragischen Tod bis heute immer weiter an, und warum wurde der argentinische Sänger in der gesamten spanischsprachigen Welt zum Mythos?

In seinem Roman *Ein Tango für Gardel* (2003) spürt Pedro Orgambide der Persönlichkeit des Tangosängers, seinem Umfeld, der Rolle seiner Mutter und der existentiellen Intellektualität der argentinischen Seele nach. Er verbindet seine Beobachtungen mit erzählerischer Eleganz, lebendigen, gut verständlichen Dialogen – und fügt den Fakten der Biographie Gardels eine ganze Reihe von fiktiven Elementen hinzu (z.B. den Mythos seiner angeblichen uruguayischen Herkunft, wie er in der Figur des Mannes aus Tacuarembó personifiziert wird). Ähnlich wie sich die Argentinier ihren eigenen Gardel – ihren Mythos Gardel – erfunden haben, erschafft ihn auch Orgambide in seinem Roman neu. Einmal mehr müssen wir daher fragen: Wer ist dieser mythologisch überhöhte Mensch, der für die Argentinier ein wahrer Gott zu sein scheint und der auf wundersame Weise, obwohl schon lange tot, jeden Tag noch besser singt? Beginnen wir mit ein paar nüchternen Fakten und wenden uns dann nach und nach der Frage ihrer Mythologisierung zu.

Der Mythos von Buenos Aires

Alle Äußerungen über Gardel stützen sich auf die Qualität seiner Stimme, auf seine ganz eigene Art, Tangos zu singen. Gardel war ein musikalischer Chronist, der erklärt, anklagt und in Schutz nimmt, tröstet, deprimiert und erfreut. In seinen Tangotexten finden sich ohne Frage die meisten Argentinier wieder. Dieses Volk, dem Gardel durch seine Stimme eine Identität gab, diese Menschen, die sich durch seine Stimme vertreten fühlten, waren Europäer, für die Amerika der Kontinent ihrer Sehnsüchte war: Sie alle waren auf der Suche nach Freiheit und wirtschaftlichem Wohlstand und trafen irgendwann im Hafen von Buenos Aires ein, wo sie die Rettung oder aber der Untergang erwartete. Ab 1850 strömten sie zu Hunderttausenden in die argentinische Hauptstadt und ließen die Stadt in kürzester Zeit auf über zwei Millionen Einwohner anwachsen. Ihre Kinder und Enkel träumten davon, Argentinier zu sein, aber auch wenn sie sich noch so sehr bemühten, es gelang ihnen – vorerst? – nicht. Im Geiste blieben sie entwurzelte Kinder Europas.

Ist es vorstellbar, dass der Mythos von Buenos Aires auf einen einzelnen Mann überging? Und dass dieser Mann alle Kraft von dieser Stadt absorbierte, allen Zauber, den sie zu besitzen schien? Carlos Gardel wurde zu einem Mythos dank all der Menschen, die das Exil mit ihm teilten. Seine Mythologisierung barg kein spektakuläres Geheimnis wie das der Heiligen oder der Sänger der alten Heldenlieder, denn konfrontiert man diesen Mythos mit der Geschichte, so trifft man bei Gardel auf die ganz charakteristische Lebensgeschichte eines jeden einzelnen Immigranten, egal von wo er stammte oder welche Sprache er sprach. Der Mythos war das Wesentliche, auch wenn viele der Einwanderer die Enttäuschungen und das Scheitern, die ihm folgten, am eigenen Leibe spürten. Die Karriere des Sängers war der Beweis, dass es möglich war aufzusteigen. Gardel sang von etwas, woran die Immigranten selbst glaubten, die sich mit den Triumphen und Niederlagen in den Tangotexten identifizierten.

Der Mythos vom einfachen Mann, der triumphiert

Stilistisch war Gardel ein einfacher, ursprünglicher Tangosänger. Zu seinem Mythos trug seine damals nie ganz geklärte Herkunft bei und die Tatsache, dass er in jungen Jahren auf der Höhe seines Ruhmes gestorben ist. Gardel erfüllte alle Voraussetzungen, die in der populären Mythologie nicht fehlen dürfen. Seine einfache Ab-

Wohnhaus in Toulouse, während Gardels erster
beider Lebensjahre

stammung sagt alles: Sohn einer armen Immigrantin, die sich als
Büglerin verdingte, später folgte sein schwindelerregender Aufstieg
zu Reichtum und Ansehen, von dem alle sozialen Verlierer nur träumen konnten.

Gardels Mutter Berthe stammte aus Toulouse, aus dem Europa
des 19. Jahrhunderts. Wie viele andere auch sah sie sich gezwungen,
mit ihrem unehelichen Kind ihr vertrautes Umfeld zu verlassen und
die Hoffnung verheißende, aber entbehrungsreiche Überfahrt zu
wagen, um schließlich in einer der einfachen, schäbigen Unterkünfte
zu landen, die oft noch schlimmer waren als die bescheidenen Woh-
nungen, die die Auswanderer in ihrer alten Heimat zurückgelassen
hatten. Auch wenn diese Frauen und Männer »Leibeigene«, »Plebs«,
»arme Seelen« oder »Lumpenproletariat« genannt wurden (oder »die
Elenden«, wie sie bei Victor Hugo heißen), so waren sie doch in ihren
Dörfern und Städten das Salz der Erde.

147

Inmitten dieser Masse von Einwanderern kamen Berthe Gardès, die einfache französische Wäscherin, und ihr Sohn Charles Romuald Gardès, der sich im Laufe der Zeit Gardel nennen sollte, nach Buenos Aires. In seinen Liedern sang Gardel von demselben Epos der Armen Europas auf ihrem Weg nach Buenos Aires, von ihren Hoffnungen und Schmerzen. Gardels Stimme verkörperte ihre Entbehrungen, ihr Leiden und ihre Erwartungen. Aber was sang und dichtete diese Stimme? Was für eine Art von Musik bildeten die Modulationen, Töne, Schattierungen und Pausen Gardels? Es war der Tango – eine Mischung unterschiedlichster europäischer Tänze und Musiken.

Der Tango ist eine Symbolkunde der Bewegung, das getanzte Gefühl von Heimatlosigkeit und Sehnsucht, eine unkontrolliert wirkende Geste mit den Füßen, ein wenig Gymnastik. Er ist so, wie die Immigranten ihre alte Heimat in Erinnerung behalten hatten, jene Immigranten, die eine neue Choreographie entwickelten, eine melancholische, traurige, aber gleichzeitig furchtbar sinnliche. Das Bandoneon, verknittert und näselnd, wurde zu neuem Leben erweckt; die verwilderte Gitarre ergrünte wieder dank der Verzweifelten, die unten am Hafen von Buenos Aires das »Hotel der Einwanderer« füllten, das viele Jahre lang mit den vielen Menschen besetzt war, die von nichts als den Schiffen abzustammen schienen. Der argentinische Präsident Alberdi sah sie durch die Straßen laufen, auf der Suche nach einem Freund oder einem Verwandten, der bereits vor ihnen gekommen war, und sagte, nicht frei von Sorge, aber sehr zutreffend: »Eines Tages werden uns die Kinder dieser Einwanderer regieren.«

Allmählich legte Carlitos, Berthe Gardès' Sohn, seine französische Aussprache ab und nahm das Lunfardo an, eine Sprache, die sich zu entwickeln begonnen hatte, als die Einwanderer von den Schiffen strömten, sich immer weiterverbreitete und mit dem zärtlichen, frechen Tangorhythmus verschmolz. Gardel fing als kleiner Franzose an, um später, die Gitarre in der Hand, zum »Dunklen aus dem Abasto« aufzusteigen.

Die Erwartungen der eingewanderten Menschen erfüllten sich jedoch meistens nicht: Sie wurden weder reich, noch erhielten sie Ländereien. Kaum einer fand das erträumte Paradies in Amerika, höchstens die wenigen, die auf anderem, zwielichtigem Gebiet Geschick zeigten und sich dem Frauenhandel und dem Betrieb von Bordellen verschrieben, wo sie die allein und voller Träume nach Argentinien gekommenen Frauen für sich arbeiten ließen. Auf diese Weise füllte sich Buenos Aires mit Damen, die Namen wie Ivonne, Mirella, Milonguita, Estercita, Percanta (»Geliebte«) oder Maleva (»die Vulgäre«) trugen und die Gardel nur allzu gut kannte. Die Mehrheit der Frauen und Männer jedoch, die bis 1910 eingewandert waren – das Jahr, in dem man das Jubiläum der hundertjährigen Unabhängigkeit von der spanischen Krone feierte –, musste in den alten, baufälligen Gebäuden hausen, die die Reichen verlassen hatten, um in die Palais zu ziehen, die man gerade erst in einem neuen Stadtteil errichtet hatte. So kam es, dass der junge Carlos Gardel mit seiner Mutter in einer winzigen Mietswohnung in der Calle Uruguay 160 lebte, in einem dieser alten, schiefen Gebäude, an denen der Putz abblätterte. Fast fünfzig Menschen drängten sich dort auf engstem Raum. Es war eines von etwa zehntausend Mietshäusern in Buenos Aires, in denen die meisten der europäischen Einwanderer landeten. Die »Gescheiterten«, wie sie sich bereitwillig nennen ließen. Es waren Mietshäuser oder Mietskasernen, wo jedes Zimmer eine ganze Wohnung bildete, so wie auf dem Schiff während der Überfahrt, gerade einmal so groß wie die winzige Kabine, doch ohne ein Bullauge als Fenster. Oft gab es nur eine Toilette für alle, immer am Ende des Ganges links. Die selbstlose Berthe Gardès wusch die Wäsche anderer Leute in dem einzigen Spülbecken, wo sich auch ihr Sohn Carlos das schmutzige Gesicht waschen musste.

Und während Buenos Aires weiterwuchs, schon bald aufhörte, ein großes Dorf zu sein, und Paris, London oder Berlin nacheiferte, fing Gardel zu singen an. Bald schon wagte er es, ein paar argentinische Lieder zum Besten zu geben – um seine Stimme zu testen und ein größeres Publikum zu erreichen. Diese frühen Tangos politischen Inhalts waren seine ersten Versuche als Sänger. Die Frage, wem diese Stimme gehörte, wurde immer öfter und lauter gestellt. Man hörte sie überall in den südlichen Stadtteilen, und alle Neuankömmlinge stellten sie sich. Gardels Stimme entwickelte ein eigenes, unverwechselbares Profil. Einwandererkinder, kreolisierte Europäer und Politiker gleichermaßen kannten sie schon bald. Die Stimme des Tangos verbreitete sich. Die Nächte von Buenos Aires hatten ihren Star.

Von der dunklen Mietskaserne in die leuchtenden Theater der Innenstadt – das war Gardels Weg. Er benutzte dabei die Sprache der Unterschichten, das Lunfardo: Im Lunfardo mischten sich sämtliche, mit den Schiffen gekommene Sprachen, es ersetzte das traditionelle *tú* (»du«) durch den Anarchismus des typisch argentinischen *vos*. In Windeseile gelangte es dank der Tangos und Schwänke auf die Bühnen der Stadt, wo sich der Dunkle aus dem Abasto einen Frack anzog, sich das Haar mit Pomade zurückkämmte und sich eine echte Havanna zwischen die Lippen steckte. Mit der Verbreitung des Rundfunks und der Schallplatte, deren Monopol in Argentinien der in der k.u.k-Monarchie geborene Max Glucksmann besaß, wurde Gardel immer bekannter.

Bejubelt von den Einwanderern, überquerte Gardel schließlich den großen Teich, feierte Erfolge in der alten Heimat. 1928 sang Gardel, der Schöpfer des populären, modischen Tangos, im Pariser Théâtre Femina. 1929 eroberte seine Stimme die Exposición Hispanoamericana in Sevilla. Gardels Schallplatten verkauften sich immer besser. Er sang im Radio, in den Clubs und in den Pausen zwischen zwei Filmen in den Kinos. Er verdiente gutes Geld. Seine Rennpferde siegten, vor allem Lunático. (»Ich verdiene viel Geld, doch ich gebe alles aus. Ich mag das goldene Leben der Bohème, das Cabaret, schöne Frauen ... und Pferderennen ...« – so Gardel dereinst in einem Interview.)

Auf den Höhepunkt folgte die Krise von 1930. Gardel spielte in seinem Tango *Cambalache* (»Trödelladen«) auf sie an. Nun war es nicht mehr das löchrige deutsche Bandoneon, die Schallplatte oder das Radio, sondern das Kino, das nach dem Übergang vom Stummzum Tonfilm nach der am meisten nach Buenos Aires klingenden Stimme verlangte – nach Carlos Gardel.

Auf dem Gipfel seines Ruhmes brachte Gardel in seinen Filmen, die in New York oder in Joinville, in der Nähe von Paris, gedreht wurden, all die sozialen Hoffnungen und bitteren Enttäuschungen der Argentinier zum Ausdruck – und seine eigenen, ganz persönlichen ebenso. *Tango am Broadway*, *Tango Bar*, *Lichter von Buenos Aires*, *Melodie der Vorstadt* und *Bergab* (was bereits wie eine Vorahnung klang) hießen einige seiner Filme.

Eines der letzten Bilder Gardels am Tag seines Todes auf dem Flughafen in Bogotá

Das Ende

Am 24. Juni 1935 ereignete sich auf einem kleinen Flughafen in Kolumbien die Tragödie. Nach einer glorreichen, finanziell äußerst erfolgreichen Tournee durch verschiedene Länder befand sich Gardel auf dem Rückweg nach Buenos Aires. Medellín war die letzte Station seiner Reise. Als das Flugzeug startete, kreuzte es den Weg einer anderen Maschine. Beide Flugzeuge stießen zusammen und gingen in Flammen auf. Der von den Göttern Geliebte starb jung – und genau hier setzt Pedro Orgambides Roman ein.

Am 24. Juni 1935, einem nebligen Montag, verstummte Buenos Aires. Die Radiosender unterbrachen ihre Musikprogramme, die Theater schlossen ihre Türen als Zeichen der Trauer. Die Einwohner der Stadt hörten für einen Moment auf zu atmen, viele Frauen und Männer weinten still vor sich hin, hielten sich die Hände vor das Gesicht oder lehnten die Stirn gegen die Hauswand, um ihren Schmerz zu verbergen, denn »ihre« Stimme, die Stimme von Buenos Aires, Gardels Stimme, der sie repräsentiert und für sie gesungen hatte, schwieg nun für immer.

Trauerzug für Gardel in Buenos Aires

Kurz vor seinem Tod hatte Gardel in seinem Tango *Volver* vom Zurückkehren gesungen: vom Zurückkehren »mit welker Stirn« – er selber kehrte in einem Charterboot aus Kolumbien nach Buenos Aires zurück. Eine stille, niedergeschlagene Menschenmenge erwartete ihn, setzte sich in Bewegung und begleitete ihn, vom Hafen bis zum Friedhof am Ende der Avenida Corrientes, der Straße, die genau wie der Mythos Gardel niemals schläft. Schweigend, ohne ein einziges Wort, wie in einem Tango, in dem Gardels unvergessliche, unverwechselbare Stimme mit höchster Vollendung seine Gefühle und Vorahnungen zum Ausdruck gebracht hatte: »Stille in der Nacht, alles schweigt ...«

Die unterschiedlichsten Leute haben sich immer wieder Gedanken über Gardel gemacht und die Legende fortgeschrieben. Der berühmteste Tangosänger aller Zeiten wird zum Motor einer angeregten Polemik, die ihren Ort in der Mythologie des Volkes hat. Noch vor seiner Zeit als argentinischer Staatspräsident wurde Juan Domingo Perón einmal nach seiner Meinung über Gardel gefragt. Seine Antwort lautete: »Sollte es einmal einen Präsidenten mit dem Lächeln von Gardel geben, dann hat er das Volk schon in der Tasche.« Später, er war mittlerweile Präsident der Republik, ließ er ein Foto von sich machen, auf dem er einen identischen Frack wie einst Gardel trägt, genauso lächelt und dieselbe gegelte Frisur zur Schau stellt.

Der argentinische Schriftsteller Julio Cortázar, der lange Zeit im freiwillig gewählten Exil lebte und, geplagt von Heimweh, in Paris starb, schrieb in einem Artikel: »Gardel muss man auf einem Grammophon hören, mit all den Verzerrungen und Verlusten, nur so klingt seine Stimme, wie sie das Volk kannte, das ihn nicht auf der Bühne erleben konnte.«

Für Astor Piazzolla war Gardel »in jeder Hinsicht die Nummer eins. Er war der einzige Sänger, der mäßige Musik und mäßige Texte zum Klingen bringen konnte. Er war der Einzige, der sich diesen Luxus erlaubte. Er war ganz ohne Zweifel ein großer Künstler.«

Für den Soziologen Abalardo Castillo war Gardel »mehr noch als ein Mensch ein kollektiver Traum«.

Jedes Jahr aufs Neue, an seinen Geburts- und Todestagen, erscheint Gardel den Argentiniern mit seinem unveränderlichen Donjuanismus, seiner unversehrten Großzügigkeit und seiner Träne in der Kehle. Es ist dieser Gardel, der unbeschadet das ganze Gehabe und den Kitsch der Tangophilen und die Interpretationen der Soziologen erträgt. Wie sehr es auch einen Gardel aus Fleisch und Blut gegeben haben mag, der Gardel der Argentinier ist und bleibt ein anderer: der des Lächelns einer männlichen Mona Lisa, der Sänger mit der wundersamen Stimme, der immer wieder in irgendeinem Stadtteilkino die Szene wiederholen muss, in der er singt: »Und ihre Augen schlossen sich.« Und an jedem seiner Todestage gibt es einen, der laut ruft: »Entweder zeigt ihr die Szene noch einmal, oder wir fackeln das Kino ab!«

Gardel (in der Mitte) mit dem kleinen Astor Piazzolla (links).
Szenenbild aus dem Film El dia que me quieras

Jorge Luis Borges liebte es, über Gardel herzuziehen: »Und deshalb gefällt mir Gardel nicht. Ich glaube, dass Gardel zur Aufweichung des Tangos beigetragen hat, Gardel und ein spätes, im Stadtteil La Boca aufgekommenes Instrument, das Bandoneon. Außerdem habe ich den Eindruck, dass man eine Legende um den Tango gesponnen hat, indem man behauptete, er sei ein Volkstanz. Nun gut, später erfuhr ich, dass auch ihm der Tango nicht besonders gefiel, dass er ihn weder tanzen noch singen wollte. Außerdem war er Franzose, er wollte nie Argentinier sein.«

Der Soziologe Juan José Sebrelli hatte seine ganz persönliche Anschauung und schrieb mit unverständlicher Schärfe: »Gardel ist das Symbol der Wunschträume der sozialen Verlierer, die die Reichen hassen, weil sie selbst nicht reich sein können. Gardel ist derjenige, der es nach oben geschafft hat und nun alle rächt, die das nicht vollbracht haben. Er ist derjenige, dem der Aufstieg von einem dunklen Loch in einer Mietskaserne im Abasto zu den glitzernden Festlichkeiten der internationalen Großbourgeoisie gelungen war. Die Welt

Gardels Grab auf dem Friedhof La Chacarita
in Buenos Aires

Gardels ist fest und unverrückbar, es gibt Reiche und Arme, Sieger und Verlierer, den Glanz des Zentrums und die Bitterkeit der Vorstadt.« Und weiter heißt es: »Gardel musste nicht arbeiten, um sich zu retten, es genügte, dass er sang. Die stereotype Geste des ewigen Lächelns in seinem Postkartengesicht ist seine zum Objekt gewordene Handlung, die endlos oft auf den Titelseiten der Zeitschriften, in den Geschäften, auf den Wänden der Bars, auf den Kinoleinwänden, Werbeflächen der Busse und in den Zimmern der einfachen Leute zu sehen ist.«

Gardel ist der Archetypus des einsamen Mannes. Aber er sang. Und er gehörte einer Generation von Einwandererkindern an, die bereits »Hausherren« waren. Über ihn ist alles gesagt und geschrieben worden; was bleibt, ist der »geliebte Sohn mit den vielen Namen«. Man nennt ihn Carlitos, Don Carlos, Gardelito, El Maestro, El Troesma (Anagramm von Maestro), El Morocho, El Morocho del Abasto (»der Dunkelhaarige aus dem Abasto«), El Zorzal Criollo (»die kreolische Drossel«), El Mudo (»der Stumme«), El Bronce

155

que sonríe (»die lächelnde Büste«), El Aficionado (»der Liebhaber«), El que canta mejor cada día (»derjenige, der von Tag zu Tag besser singt«), el Francesito (»der kleine Franzose«), El Patrón de Buenos Aires, El Mago (»der Zauberer«), El Hombre (»der Mann«), La Voz Inolvidable (»die unvergessliche Stimme«), El Cantor de Buenos Aires (»der Sänger von Buenos Aires«).

Sein Grab auf dem Friedhof La Chacarita in Buenos Aires ist mit Plaketten und Schildern übersät, die vom Grad der Verehrung zeugen, die ihm auch heute noch gezollt wird. Einige von ihnen tragen Inschriften, die eine wahrhaft berührende Leidenschaft verraten: »Carlitos, wir haben immer an dich gedacht«, »Der unsterblichen Stimme des Tangos«, »Dem größten aller Tangosänger«, »Carlitos, du lebst in unserer Erinnerung weiter«, »Danke für alles, was du für uns getan hast«, »Dem Idol des Volkes und Wohltäter der Verlassenen und Schutzlosen«. Und Gardel lächelt von seiner Büste herunter, eine Zigarette in der Hand und eine Nelke im Knopfloch.

Jorge Aravena Llanca

©privat

Pedro Orgambide wurde 1929 in Buenos Aires geboren, wo er 2003 auch starb. Nach mehreren Jahren im mexikanischen Exil kehrte er 1983 nach Argentinien zurück und hat zeit seines Lebens Dutzende Bücher – Romane, Essays, Erzählbände usw. – geschrieben, für die er u.a. den Literaturpreis der Casa de las Américas erhalten hat. Die argentinische Originalausgabe von *Ein Tango für Gardel* wurde 2003 postum veröffentlicht.

Argentinien bei Wagenbach

Juan José Saer   Die Gelegenheit

Als ihn Pariser Wissenschaftler öffentlich bloßstellen, macht sich der mit telepathischen Fähigkeiten begabte Ex-Spion und Löffelbieger Bianco 1855 auf nach Argentinien, um dort in der Pampa ein neues Leben als Viehhändler zu beginnen. Bald heiratet er die mehr sinnliche als übersinnliche Gina. Das Leben in der Neuen Welt scheint eine einzige Verheißung – wäre da nur nicht diese rasende Eifersucht, Biancos dumpfer Verdacht, Gina könnte ihn betrügen …

Aus dem argentinischen Spanisch von Erich Hackl
WAT 638. 208 Seiten

Asado verbal   Junge argentinische Literatur

Die jungen argentinischen Autorinnen und Autoren weinen nicht um Argentinien – vielmehr legen sie den Finger auf die Wunde und üben Kritik. Wie werden in Argentinien Supermarktregale aufgefüllt? Was ist am Tag des Begräbnisses von Evita Perón so überaus lustig, dass man vor Lachen erstickt? Und was tun, wenn sich bei der Umbettung nach dreißig Jahren herausstellt, dass der Leichnam der Frau Mama gar nicht verwest ist?

Herausgegeben von Timo Berger und Rike Bolte
WAT 634. 244 Seiten

Edgardo Cozarinsky
Man nennt mich flatterhaft und was weiß ich …

Roman

Der alte Samuel Warschauer, früher einmal Bandoneonspieler, stirbt, bevor er dem angehenden Journalisten Fragen zum jiddischen Theater in Argentinien beantworten kann. Aber er hinterlässt ihm einen Schuhkarton, der die Neugier und Phantasie des jungen Mannes beflügelt.

Aus dem argentinischen Spanisch von Sabine Giersberg
WAT 637. 144 Seiten

César Aira
Die nächtliche Erleuchtung des Staatsdieners Varamo
Novelle

Varamo, einem Schreiber dritten Ranges, wird im Ministerium von Colón in Panama sein Monatslohn in Falschgeld ausgezahlt. Er kann das Geld nicht ausgeben, weil er sofort verhaftet würde, und widmet sich daher zunächst dem Einbalsamieren von Kleintieren, bevor er in der Stadt einen Kaffee trinken geht. Dort wird er Zeuge eines Autounfalls, trifft eine rätselhafte junge Dame sowie ein paar Verleger, für die er in nur einer Nacht das Versepos *Der Gesang des jungfräulichen Kindes* verfasst.

Aus dem argentinischen Spanisch von Matthias Strobel
WAT 636. 96 Seiten

Ernesto Sabato   Der Tunnel
Roman

Der gefeierte Maler Juan Pablo Castel ist ein Mörder. Im Gefängnis legt er schonungslos dar, wie ihm seine Leidenschaft für die mit einem Blinden verheiratete María zum Verhängnis geworden ist.

Der Tunnel ist *der* existentialistische Roman nicht nur der argentinischen, sondern der gesamten lateinamerikanischen Literatur – Vergleiche mit den großen Werken eines Jean-Paul Sartre, Albert Camus oder auch Max Frisch sind durchaus angebracht.

Aus dem argentinischen Spanisch von Helga Castellanos
WAT 639. 160 Seiten

Ricardo Piglia   Brennender Zaster
Roman

Vier Verbrecher mit engen Verbindungen zu Polizei und Politik rauben einen Geldtransport aus und rasen wild um sich schießend durch Buenos Aires. Sie entkommen über den Río de la Plata nach Montevideo, verschanzen sich dort in einer Wohnung und werden von der Polizei sechzehn Stunden lang belagert. Diese von Radio und Fernsehen übertragene Belagerung steuert unweigerlich auf ihr ungeheuerliches Ende vor den Augen einer fassungslosen Zuschauermenge zu …

Aus dem argentinischen Spanisch von Leopold Federmair
WAT 635. 192 Seiten

Ricardo Piglia   Künstliche Atmung

Roman

Piglias während der argentinischen Militärdiktatur entstandener Roman thematisiert Lateinamerikas schicksalhafte Verbindung mit Europa. Exil, Briefe, Geschichtsfetzen, ungeheuerliche Lebensläufe – dies ist der Stoff des Romans, dessen Autor als wichtigster Repräsentant der argentinischen Gegenwartsliteratur gilt.

Aus dem argentinischen Spanisch von Sabine Giersberg
Quart*buch*. 224 Seiten. Gebunden

Edgardo Cozarinsky   Bambi am Broadway

Erzählungen

Einsichten ins Privatleben von Trickfilm-Rehen und -Elefanten, Diktatorengattinnen, schwulen Taxifahrern und Papstmördern. Ein ebenso mondäner wie absurder Lesegenuss!

Aus dem argentinischen Spanisch von Timo Berger
SVLTO. 96 Seiten. Rotes Leinen. Fadengeheftet

Lucía Puenzo   Das Fischkind

Roman

Ein furchtbar hässlicher Hund erzählt, wie zwei junge Mädchen aus Liebe zu Mörderinnen werden. Ein frecher, temporeicher, magischer Roman: *Thelma und Louise* auf Argentinisch!

Aus dem argentinischen Spanisch von Rike Bolte
Quart*buch*. 160 Seiten. Gebunden mit Schutzumschlag

Wenn Sie mehr über den Verlag oder seine Bücher wissen möchten, schreiben Sie uns eine Postkarte (mit Anschrift und ggf. E-Mail). Wir verschicken immer im Herbst die *Zwiebel*, unseren Westentaschenalmanach mit Gesamtverzeichnis, Lesetexten aus den neuen Büchern und Photos. *Kostenlos!*

Verlag Klaus Wagenbach   •   Emser Straße 40/41   •   10719 Berlin   •   www.wagenbach.de